Отзы…
«Учение …
желан…
Просите — и …

«Это самая сильная книга, какую мне приходилось читать, ни больше, ни меньше. Она может переменить всю жизнь. А с какой любовью она написана! Настоящее сокровище».

Нил Дональд Уолш, автор книги «Разговоры с Богом»

«Уже десять лет я являюсь большим поклонником этого учения. Оно необыкновенно помогло мне и моей семье».

Кристиан Нортрап, автор книги «Женское тело, женская мудрость»

«Самое ценное в книге „Просите — и дано будет вам“ — это описание двадцати двух эффективных процессов, предназначенных для достижения своих целей. Неважно, где мы находимся — для любого случая найдется процесс, с помощью которого можно сделать жизнь лучше. Мне нравится эта книга, и мне нравятся Эстер и Джерри Хиксы!»

Луиза Л. Хей, автор книги «Ты можешь исправить свою жизнь»

«Это потрясающая книга! Мы с женой уже несколько лет с успехом применяем это мудрое и в высшей степени практичное учение. Мы верим, что оно и вам принесет немалую пользу. Мы рекомендуем ее всем своим друзьям!»

Джон Грей, автор книги «Мужчины с Марса, женщины с Венеры»

«...это веха в литературе... у вас есть счастливая возможность причаститься к мудрости тех, кто постоянно подключен к Исходной Энергии. Более того, эти голоса духа говорят понятными

для всех словами, которые можно мгновенно перевести на язык действий. Это не что иное, как план понимания своей судьбы и воплощения желаемого».

Вейн У. Дайер, автор бестселлера «Сила намерения»

«С помощью учения Абрахама — Хиксов я поднялся на новый уровень понимания, уверенности, целеустремленности и чувствования. Я постоянно занимаюсь изучением этих идей и рекомендую их всем, кого знаю. Ничего более эффективного и всеохватывающего я не встречал. Внедряйте эти идеи в жизнь, и жизнь повернется к вам новой и счастливой стороной».

Алан Коэн, автор книги «Глубокий вдох жизни»

«Благодаря этому необыкновенно мудрому и в то же время простому и практичному учению вы снова станете доверять своему внутреннему голосу и встанете на путь самых удивительных приключений, доступных воображению. Книга „Просите — и дано будет вам“ — это карта дороги к радостной жизни и душевному подъему».

Джек Канфилд, соавтор серии книг «Бульончик для души» (*Chicken Soup for the Soul®*)

«Это одна из самых лучших книг об исполнении желаний, которые мне приходилось встречать за долгое время. Я в восторге от того, насколько доступно описаны в ней абсолютные истины! Общий тон книги будоражит, поддерживает, согревает и внушает позитивный настрой. Я распространяю эту книгу среди всех своих знакомых. Мне она нравится, настоятельно рекомендую ее прочитать».

Дорин Вирту, автор бестселлера «Ангельская медицина»

Ченнелинг

Эстер и Джерри Хикс (учение Абрахама)

Учение о воплощении желаний в жизнь

Просите – и дано будет вам

Часть I

Санкт-Петербург
Издательская группа
«Весь»
2008

УДК 133.2
ББК 88.6
Х42

Esther and Jerry Hicks (The Teachings of Abraham)
Ask and it is Given: learning to Manifest Your Desires

Перевод с английского *Т. В. Соколовой*

Эстер и Джерри Хикс (учение Абрахама)

Х42 Учение о воплощении желаний в жизнь. Просите — и дано будет вам. Ч. I — СПб.: ИГ «Весь», 2008. — 192 с. — (*Ченнелинг*).

ISBN 978-5-9573-1297-0 (ч. I)
ISBN 978-5-9573-1299-4

Серия «Ченнелинг» — для тех, кто хочет стать свободнее.

«Учение о воплощении желаний в жизнь. Просите — и дано будет вам» — книга, которую Эстер и Джерри Хикс написали под руководством высокоразвитых и дружественных человеку сущностей. Так получилось «учение Абрахама»...

Наша жизнь состоит из того, что происходит снаружи (события), и из того, что творится внутри (эмоции). Очевидно, что это связанные и оказывающие друг на друга влияние вещи. Но кто сказал, что связь односторонняя? Если верно следующее: «пошел дождь — стало грустно», то верно и «я улыбнулся — выглянуло солнце». Поиграйте со своими состояниями — предлагают Эстер и Джерри Хиксы. И кто знает, что откроется вам в процессе игры?

УДК 133.2
ББК 88.6

Настройтесь на волну Hay Hause: адрес в Интернете www.hayhauseradio.com

ISBN 978-5-9573-1297-0 (ч. I)
ISBN 978-5-9573-1299-4
ISBN 978-1-4019-0459-3 (англ.)

Эта книга посвящается всем, кто в стремлении достичь просветления и душевного благополучия задавал вопросы, на которые она отвечает.

Мы посвящаем ее также трем нашим замечательным детям, которые являются воплощением принципов этого учения:

Лаурелу (пять лет), Кевину (три года) и Кейт (два года).

Они еще не задают вопросов, потому что ничего не забыли.

Особое посвящение — Луизе Хей, чье стремление познавать принципы Блага и распространять их по всей земле привело ее к нам с просьбой создать эту книгу об учении Абрахама.

Содержание

Предисловие

Вейн Дайер

В книге, которую вы держите в руках, описывается одно из наиболее эффективных учений, известных на нашей планете на сегодняшний день. На меня оказали сильное воздействие послания Абрахама, приведенные в этой книге и представленные в записях, распространяемых Эстер и Джерри Хикс в течение последних двадцати лет. Я глубоко тронут честью, которую оказал мне Абрахам, попросив написать краткое предисловие к своему учению. Перед вами уникальная книга, поскольку она предоставляет вам счастливую возможность испить из потока мыслей тех, кто непрерывно подключен к Исходной Энергии. При этом для вас не составит труда понимать язык Духа, на котором говорят эти голоса, и моментально переводить его на язык действий. Вашему вниманию предлагается ни больше ни меньше, чем проект понимания и воплощения собственной судьбы.

Прежде всего, возьму на себя смелость настоятельно порекомендовать вам хотя бы подержать эту книгу рядом с собой в течение нескольких недель, если вы пока не готовы ее прочесть и применить в жизни заключенную здесь великую мудрость. Пусть невероятная энергетика этой книги сметет все преграды, которые выставляют ваши мозг и тело, пусть она гармонично заполнит все внутреннее пространство, бесформенное и безграничное, нередко называемое *душой*, которое Абрахам обозначил бы как *вибрационная связь с Источником.*

Эта вселенная — вселенная вибраций. Эйнштейн когда-то заметил: «Ничего не происходит, пока нет движения», — то есть все вещи вибрируют на определенной частоте, вполне поддающейся измерению. Разбейте весь этот кажущийся незыблемым мир на маленькие составляющие, и вы увидите: то, что кажется прочным и основательным, на деле — всего лишь танец, танец частиц и пустоты. Обратитесь к наименьшей из этих квантовых частиц, и вы поймете, что она произошла от источника, вибрирующего с такой скоростью, что ему нет дела до нашего суетного мира. Эта самая быстрая энергия называется Исходной Энергией. Вы, как все и вся, произошли от этой вибрации, а затем появились в материальном мире — мире вещей, тел, мыслей и «эго». Мы способны принять вызов всего этого мира проблем, болезней, нужды и страхов именно благодаря остаткам Исходной Энергии в наших телах и душах.

В сущности, учение Абрахама направлено на то, чтобы помочь вам вернуться к этому Источнику, из которого все вышло и к которому все вернется. Некоторых аспектов Исходной Энергии я коснулся в своей книге «Сила намерения». В отличие от меня, Абрахам предлагает свою удивительную мудрость, имея стопроцентную связь с Источником и не подвергая эту связь сомнениям, что очевидным образом вытекает из каждого слова в данной книге. Вот почему я называю ее вехой в литературе.

Вы находитесь в непосредственном, с их стороны осознанном контакте с честными и серьезными существами, которым важно лишь ваше благополучие. Они напоминают, что вы вышли из Источника Блага и можете либо призвать к себе эту высокую вибрационную энергию и позволить ей беспрепятственно проникать во все сферы своей жизни, либо противостоять ей и в своем противодействии оставаться в стороне от источника этой безграничной любви и знания.

Это так удивительно и в то же время необыкновенно просто: вы пришли из Источника любви и Блага. Когда вы научитесь жить в гармонии с этой могущественной энергией мира и любви, вы снова обретете силу Источника — силу для реализации своих желаний, обретения благополучия, достижения достатка там, где царила нужда, и доступа к Божественному руководству, благодаря которому в вашем окружении появятся нужные люди, а обстоятельства будут складываться благоприятно. Ваша Исходная Энергия делает это, и вы, вышедшие из Источника, тоже на это способны.

Я лично провел целый день с Абрахамом и Хиксами: мы обедали с Эстер и Джерри, и я прослушал сотни записей Абрахама. Поверьте мне на слово: вам предстоит путешествие, которое может полностью изменить вашу жизнь. Путешествие, предлагаемое двумя самыми надежными и духовно чистыми людьми из всех, кого я знаю. Джерри и Эстер Хикс испытывают такой же восторг и трепет от своей роли в распространении учения Абрахама, какой испытываю я при написании этого предисловия.

Я рекомендую внимательно прочесть все написанное в книге и немедленно приступить к его применению. В этой книге собраны наблюдения, о которых я пишу уже много лет: «Когда вы меняете свой взгляд на вещи, то, на что вы смотрите, меняется». Вам предстоит увидеть и прочувствовать, как целый новый мир изменяется прямо на ваших глазах. Мир, созданный Исходной Энергией, хочет снова обрести с вами связь и принести в вашу жизнь радость и благополучие.

Спасибо вам, Абрахам, за оказанную мне честь внести несколько своих слов в эту бесценную книгу.

Я люблю вас — ВСЕХ ВАС.

Вейн

Предисловие

Джерри Хикс

Первые лучи солнца падают на береговую линию Малибу, когда я берусь за перо. И темный оттенок индиго, окрасивший волны Тихого океана в этот ранний час, как будто отвечает моим чувствам. Я думаю о том, какой важности откровения вы найдете в этой книге, и меня охватывает чувство глубокого удовлетворения.

«Просите — и дано будет вам» — это книга о том, как мы «спрашиваем» и получаем ответы от Всего Сущего. Но в первую очередь она рассказывает о том, *как* нам дается все, о чем мы просим. Кроме того, это первая книга, которая простыми и доступными словами объясняет практичную формулу того, *как* нужно просить и *как* потом получать все то, чего нам хочется.

Много лет назад, в своих бесконечных поисках ответа на вопрос «Какое оно, „Это“?», я открыл для себя слово *невыразимое* (в значении «то, что невозможно описать словами»). Оно совпадало с моим представлением о Нем. Я решил, что чем ближе нам удается узнать Нефизическое, тем меньше слов мы находим для описания Его. Следовательно, состояние абсолютного знания будет в то же время состоянием «невыразимости». Другими словами, в данной точке нашей пространственно-временной реальности невозможно найти четкое выражение для Нефизического в физических словах.

В ходе физической истории человечество испытало на себе миллиарды философских учений, религий, точек зрения и представлений. И все эти миллиарды миллиардов мыслителей, которые думали, выводили заключения и передавали свои идеи следующим поколениям, так и не смогли найти физических слов для выражения Нефизического — во всяком случае, таких слов, с которыми можно было бы согласиться.

В истории сохранились в той или иной форме задокументированные свидетельства лишь о нескольких людях из множества тех, кто имел осознанный контакт с Нефизическим Разумом. Одним из них выпало на долю почитание и поклонение, другим же — презрение. Однако большинство из тех, кто осознавал свою личную связь с Нефизическим, предпочли умолчать о своих откровениях (возможно, из страха подвергнуться гонениям или даже попасть в сумасшедший дом).

Моисей, Иисус, Мухаммед, Жанна д'Арк, Джозеф Смит — вот лишь несколько имен, другие же мало известны за пределами англоязычного мира. Все вышеперечисленные личности были открыты для контакта с Нефизическим Разумом, и большинство из них встретили безвременный и ужасный физический конец. Несмотря на то, что все мы непосредственно получаем Нефизическое руководство в той или иной форме, лишь к немногим приходит сразу ряд Нефизических идей, достаточно четких для перевода на физический язык, — и из этих немногих только некоторые желают поделиться с другими людьми своим опытом.

Я привожу эту информацию в качестве вводного слова к настоящей книге, ибо моя жена Эстер является одной из тех немногих людей, кто при желании может в достаточной степени уравновесить свое сознание для восприятия ответов Нефизического на любые вопросы. Эстер каким-то образом воспринимает набор мыслей (не слов) и, будучи переводчиком с испанского на английский, слышит мысль, выраженную в испанских словах, а затем переводит ее (мысль, а не слова) на английский язык. Она мгновенно переводит Нефизическую мысль в ближайший физический словесный (английский) эквивалент.

Необходимо учесть, что не всегда есть возможность точно выразить Нефизическую мысль, которую получает Эстер, физическими словами английского языка. Тогда приходится придумывать новые словосочетания или по-новому использовать привычные слова (например, писать их с большой буквы), чтобы описать иной взгляд на жизнь. Поэтому мы собрали краткий Глоссарий в конце этой книги, в котором объясняется необычное употребление некоторых обычных слов. Например, существует обычный термин *благо*, под которым подразумевается счастье, здоровье или успешность. Однако основополагающее понятие необычной философии Абрахама переводится на английский как *Благо*. Под этим понимается расширенная Вселенная, Нефизическое Благо, которое естественным образом проходит через всех нас, если мы, конечно, не прилагаем усилий для его уменьшения.

С 1986 года мы с Эстер каждый год посещаем около пятидесяти городов, где проводим семинары, на которых любой участник может поднимать любые темы и обсуждать все, что ему захочется, без каких-либо ограничений. К нам приходили тысячи людей, представляющих различные этнические группы, имеющих различное социальное положение и самые разнообразные философские воззрения. И все они хотели так или иначе изменить свою жизнь, помочь себе или близким. И всем этим людям, которые просили большего, были даны ответы — ответы от Нефизического Разума, говорившего с ними голосом Эстер Хикс.

С течением времени философия Блага привела к созданию этой книги. Она стала ответом на просьбы всех, кто, подобно вам, хотел знать больше.

В центре данного учения лежит самый могущественный закон во Вселенной — *Закон Притяжения*. За последние десять лет мы опубликовали множество статей об учении Абрахама в ежеквартальном журнале «Наука об Осознанном Созидании», где изложили самые последние взгляды на вопросы, поднимаемые участниками *семинаров по Искусству Принятия*. В сущности, эта философия постоянно развивается и расширяется, так как вы предлагаете нашему вниманию все больше новых вопросов и точек зрения.

В этой книге представлен подробный курс духовной практики. Перед вами руководство на все случаи жизни в самом широком смысле этого выражения. Книга объясняет, каким образом можно делать или иметь все, что вам хочется. Кроме того, она учит, как *не* делать и не иметь то, что вам не нравится.

Джерри

Введение в учение Абрахама

Эстер Хикс

«Она разговаривает с духами! — сообщили наши друзья. — Она приедет на следующей неделе, и тогда вы сможете встретиться с ней и спросить о чем угодно!»

«*Менее всего на свете мне хочется это делать*», — подумала я и тут же услышала, как Джерри, мой муж, говорит: «Было бы здорово встретиться с ней. Как нам это устроить?»

***

Это было в 1984 году. За четыре года нашего брака мы ни разу не поругались и даже не повздорили. Мы были полны радости и счастливо жили бок о бок, соглашаясь друг с другом практически по всем вопросам. Единственное, что мне не очень нравилось, — это когда Джерри начинал рассказывать друзьям о своих опытах со спиритической доской (история двадцатилетней давности). Если мы находились в ресторане или в другом общественном месте, то, чувствуя приближение подобных разговоров, я вежливо (а порой, и не слишком вежливо) извинялась и удалялась в дамскую комнату, шла к бару или прогуливалась до машины, возвращаясь только по истечении некоторого времени, когда, по моим представлениям, надоевшая мне тема должна была иссякнуть. К счастью, Джерри, в конечном итоге, перестал поднимать этот вопрос в моем присутствии.

Меня трудно было назвать религиозной, однако занятия в Воскресной школе не прошли даром — меня страшно пугали зло и дьявол. Вспоминая свои занятия годы спустя, я думаю, что вряд ли наши учителя уделяли чрезмерное внимание тому, чтобы внушить нам страх перед дьяволом, и не могу сказать, что этот страх все время преследовал меня. Просто этот страх наиболее сильно «отпечатался» у меня в мозгу, и я пронесла его через всю свою жизнь.

Поэтому я свято следовала данным мне когда-то наставлениям и тщательно избегала всего, что может иметь хоть какое-то отношение к дьяволу. Однажды, еще совсем молодой девушкой, я находилась в кинотеатре под открытым небом и, случайно взглянув сквозь заднее стекло машины, увидела, что на соседнем экране показывают «Изгоняющего дьявола». Просмотра этого фильма я всегда целенаправленно избегала — и увиденная ужасная сцена, даже без звука, настолько меня шокировала, что следующие несколько недель я каждую ночь видела во сне кошмары.

***

«Ее зовут Шейла, — сказал Джерри один наш общий друг. — Я вам устрою встречу и все сообщу». В течение следующих нескольких дней Джерри записывал свои вопросы. Он сказал, что у него накопилась их целая куча еще с раннего детства. Я не делала списка. Напротив, меня ужасала подобная идея.

Я помню, о чем думала, когда мы подъезжали к красивому дому в самом сердце Феникса, штат Аризона: «*Во что я ввязываюсь?!*» Мы поднялись к парадной двери. Нам открыла приятная женщина, поприветствовала нас и проводила в уютную гостиную, где следовало дождаться назначенного времени.

Большой и очень тихий дом был обставлен просто и со вкусом. Я помню, что меня охватило чувство благоговения, как в церкви.

Затем отворилась большая дверь, и в комнату вошли две симпатичные женщины, одетые в яркие оригинальные рубашки и юбки из хлопка. Очевидно, мы были первыми гостями после ланча. Обе женщины выглядели довольными и освеженными. Я немного расслабилась. Возможно, все будет не так уж и сверхъестественно...

Вскоре нас пригласили в аккуратную спальню. В изножье кровати стояло три стула. Шейла сидела на краю кровати, ее помощница примостилась на стуле рядом со столиком с диктофоном. Мы с Джерри заняли оставшиеся два стула, и я собралась встретить то, что должно было сейчас случиться.

Помощница объяснила, что Шейла должна расслабиться и освободить свое сознание, и тогда Тео, Нефизическая сущность, обратится к ней. После этого можно говорить обо всем, что угодно.

Шейла улеглась поперек кровати, всего в каком-нибудь метре от того места, где мы сидели, и стала глубоко дышать. Через некоторое время странный голос произнес: «Можно начинать. У вас есть вопросы?»

Я посмотрела на Джерри в надежде, что он может начать, потому что я-то *не была* готова разговаривать с этим существом, кем бы оно ни было.

Джерри слегка подался вперед, ему не терпелось задать свой первый вопрос.

Я расслабилась под звуки голоса Тео, исходящего изо рта Шейлы. Я знала, что мы слышим голос Шейлы, но также было понятно, что блестящие ответы дает совсем не она.

Джерри сказал, что его вопросы накопились с тех пор, как ему было пять лет. Теперь он задавал их с невероятной скоростью. Положенные нам тридцать минут пролетели незаметно. Однако, хотя я не произнесла ни слова, за это время мой страх перед нашим странным экспериментом улетучился, и я испытывала удивительное благодушие и спокойствие, какого никогда прежде не знала.

Когда мы уже сидели в машине, я сказала Джерри: «Мне очень хочется прийти еще раз завтра. Есть кое-что, о чем *я* хотела бы спросить». Джерри был рад назначить вторую встречу, потому что и его собственный список вопросов еще не иссяк.

На следующий день, примерно в середине нашей встречи, Джерри неохотно уступил оставшиеся минуты мне, и я спросила Тео: «Как более эффективно достигать своих целей?»

Ответ был такой: «Медитация и аффирмация».

Мысль о медитации меня совершенно не вдохновляла. Я не знала никого, кто практиковал бы медитацию. В сущности, само это слово вызывало в моем воображении образы людей, которые лежат на гвоздях, ходят по раскаленным углям, стоят на одной ноге в течение целого года или (самое ужасное) просят милостыню в аэропорту. Поэтому я спросила: «Что вы подразумеваете под словом *медитация?*»

Полученный короткий ответ понравился мне. «Вы сидите в тихой комнате. В комфортной одежде. И концентрируетесь на своем дыхании. Ваши мысли блуждают. Освободите мозг и сконцентрируйтесь на дыхании. Можете медитировать вдвоем. Так гораздо эффективнее».

«Вы можете предложить подходящую нам аффирмацию?» — спросили мы.

«Я (произнесите ваше имя) *с помощью божественной любви вижу и привлекаю к себе тех, кто ищет просветления через развитие. Помощь другим духовно возвысит каждого из нас*».

Я чувствовала, что исходящие из уст Шейлы-Тео слова проникают в самую глубину моего существа. Ко мне и через меня текло ни с чем не сравнимое ощущение любви. Страх ушел. Мы с Джерри чувствовали себя превосходно.

«Стоит ли привести к тебе мою дочь Трейси?» — спросила я.

«Можно — если этого хочет она. Но не обязательно, ведь вы оба тоже обладаете возможностями ченнелинга».

Это утверждение не имело для меня никакого смысла. Я не могла себе представить, что можно дожить до тридцати лет и не знать о себе такую важную вещь (если, конечно, это правда).

Диктофон выключился, и мы оба испытали легкое разочарование, что это необычное приключение закончилось. Помощница Шейлы спросила, нет ли у нас последнего вопроса. «Не хотели бы вы узнать имя своего духовного проводника?» — вдруг неожиданно сказала она.

Я бы никогда не задала подобный вопрос, ведь я никогда не слышала термин *духовный проводник*, но сам вопрос при этом мне понравился. Меня всегда вдохновляла идея об ангелах-хранителях. Поэтому я произнесла: «Да, пожалуйста, сообщите имя моего духовного проводника».

Тео ответил: «Нам говорят, что он сам к тебе придет. У тебя будет сеанс яснослышания, и ты все узнаешь».

Что такое сеанс яснослышания?! Пока я недоумевала, Тео сказал свое последнее слово: «Бог любит тебя!» — и тут Шейла открыла глаза и села. Наш экстраординарный разговор с Тео закончился.

Покинув этот дом, мы с Джерри поехали на смотровую площадку одной из гор на окраине Феникса. Там мы наблюдали закат. И даже не подозревали о том, какие огромные изменения произошли в нас за этот день. Мы только знали, что нам хорошо.

Когда мы вернулись домой, у меня было два новых желания: я собиралась помедитировать, что бы *это* ни значило, и еще я собиралась выяснить имя своего духовного проводника.

Итак, мы переоделись в домашние халаты, задернули шторы в гостиной и удобно устроились в двух креслах, разделенных этажеркой. Нам хотелось провести медитацию вдвоем, но почему-то было трудно избавиться от ощущения странности происходящего, а этажерка как будто помогала отгораживаться друг от друга.

Я помнила, о чем инструктировал меня Тео. *Сядь в тихой комнате, оденься так, чтобы тебе было комфортно, и сфокусируйся на дыхании.* Мы дали себе на весь процесс приблизительно пятнадцать минут и завели будильник. Итак, я села и попыталась дышать «осознанно». При этом я все время задавала себе вопрос: «Как зовут моего духовного проводника?», прилежно считала вдохи и выдохи. Мое тело, пока я занималась этим, успело полностью онеметь. Я не чувствовала, где у меня нос, а где ноги. Это было странное, но неожиданно приятное ощущение. По крайней мере, мне оно доставляло удовольствие. Мне казалось, что мое тело начало потихоньку вращаться, хотя я отлично понимала, что это всего лишь обман чувств и на самом деле я по-прежнему сижу неподвижно. Будильник зазвонил и вернул нас к реальности. «Давай еще раз», — сказала я.

Мы снова установили будильник на пятнадцать минут, и я опять почувствовала это странное, невероятное онемение, охватившее все мое тело. Но в этот раз нечто или некто начал «дышать вместе со мной». Мне это показалось больше всего похожим на ощущение невыразимой, восторженной любви, наполнявшей все мое существо и стремящейся выйти наружу. Какое удивительное, великолепное ощущение! Джерри услышал мой восторженный вздох и позднее сказал, что у него создалось впечатление, будто я извиваюсь в экстазе.

Когда положенное время истекло и я вернулась из медитации в этот мир, мои зубы стучали так, что я боялась их повредить. Я была точно пьяная, если только слова могут описать то, что я чувствовала. Приблизительно час мои зубы выбивали барабанную дробь, и все это время я тщетно пыталась вернуться в свое прежнее, нормальное состояние.

В тот день я еще не готова была осознать, что произошло. Теперь я уже знаю, что это был мой первый контакт с Абрахамом. И пусть я еще не до конца понимала, с чем столкнулась, но зато с самого начала почувствовала — *это добро!* И хотела пережить это снова.

Итак, Джерри и я решили медитировать каждый день по пятнадцать минут. Мне кажется, что мы не пропустили ни дня за следующие девять месяцев. Я ощущала онемение или же отстраненность, но за все время наших медитаций больше не произошло ничего экстраординарного. И вот однажды, накануне

Дня Благодарения в 1985 году, в процессе медитации я почувствовала, что начинаю медленно поворачивать голову из стороны в сторону. В течение следующих нескольких дней, медитируя, я снова ощущала это медленное движение головой. Это было очень приятное чувство, оно почему-то дарило ощущение полета. Затем, наверное, на третий день после того, как я почувствовала это новое движение, в моей голове неожиданно возникли буквы. Впрочем, это не совсем точное описание. Моя голова уже не покачивалась равномерно из стороны в сторону, она двигалась таким образом, что нос выписывал в воздухе буквы. Совершенно очевидно, что это были буквы: «M-N-O-P».

«Джерри! Я пишу носом в воздухе!» — вскричала я и ощутила прошедшую с головы до ног волну тех самых волшебных ощущений. Я полностью погрузилась в них — и почувствовала, как во все мое тело вливается новая, неизведанная Энергия — Нефизическая Энергия.

Джерри тем временем быстро схватил свою записную книжку и принялся записывать те слова, которые мой нос выводил в воздухе: «Я — Абрахам. Я твой духовный проводник».

Затем Абрахам объяснил нам, что он — это, скорее «они», поскольку представляют собой целый род Нефизических Сущностей. Сами они предпочитают называть себя Коллективным Сознанием. Они также объяснили, что обратились ко мне поначалу в единственном числе, сказав: «Я — Абрахам», — так как это согласовывалось с моими ожиданиями. Вернее было бы сказать, что это я сама услышала их в единственном числе, поскольку была абсолютно уверена, что мой духовный проводник обязательно должен быть только один. Поэтому-то мой нос и вывел такие слова. Но на самом деле это множество сущностей, говорящих одними словами, обладающих единым голосом и мыслями.

Приведу цитату: «*Абрахам — это не единичное сознание, каким вы ощущаете себя в своем отдельном физическом теле. Абрахам — это Коллективное Сознание. Существует Нефизический Поток Сознания, и когда кто-либо задает вопрос, огромное количество точек сознания сливается в единое представление (поскольку в данном случае только одно человеческое существо, Эстер, может воспринять и озвучить его), поэтому оно и кажется вам единичным. Но в действительности мы представляем собой многоликое и многомерное мультисознание*».

Абрахам также объяснил мне, что они на самом деле не нашептывают свои слова на ухо, нет, они общаются со мной мысленно. Если проводить аналогии с земными реалиями, то такое общение больше всего похоже на радиосигнал, который я воспринимаю на уровне подсознания. Затем я перевожу сигнал в физические слова. Я словно «слышу» слова внутри себя, но в самом процессе перевода у меня нет ни возможности осознать то, что через меня проходит, ни времени вспоминать то, что уже прошло.

Абрахам рассказал, что они посылали мне сигнал уже давно, но я была настолько занята инструкциями Тео, который говорил: «Когда твое сознание начинает блуждать (а это обязательно произойдет), освободи мысли и сфокусируйся на дыхании», — что, как только хоть малейшая мысль пыталась закрасться ко мне в голову, я нещадно изгоняла ее и снова пыталась сосредоточиться на дыхании. Я думаю, что буквы, которые я начала выводить в воздухе носом, оказались едва ли не единственной возможностью до меня «достучаться». Абрахам также сказал мне, что те удивительные ощущения, которые я испытала в момент, когда начала выписывать носом слова, являлись свидетельством установления связи между нашими сознаниями.

Наше общение продолжалось в течение следующих недель и шло вперед гигантскими шагами. Выписывать в воздухе носом буквы — не самый быстрый процесс, но Джерри был в таком восторге от открывшегося ему нового источника информации, что иногда мог растормошить меня среди ночи с требованием узнать у Абрахама ответ на тот или иной вопрос.

Но вот однажды вечером, когда мы с Джерри уже лежали в постели и смотрели телевизор, я неожиданно ощутила неконтролируемые движения рук, ног, пальцев. Затем я принялась бить Джерри по груди одной рукой. Продолжая стучать, я вдруг почувствовала мощный внутренний импульс, побуждающий меня встать и подойти к моей пишущей машинке. Я последовала ему: подошла к машинке и положила пальцы на клавиатуру. В то же самое мгновение мои руки начали скользить вверх и вниз, как если бы кто-то другой обнаружил, что эта клавиатура — ответ на все вопросы, и буквы, на ней расположенные, на самом деле не простые. А затем пальцы сами собой начали печатать букву за буквой, слово за словом. И на бумаге возникли слова: «*Я — Абрахам. Я твой духовный проводник. Я здесь, чтобы сотрудничать с тобой. Я люблю тебя. Мы вместе напишем книгу*».

Мы обнаружили, что мне достаточно просто положить руки на клавиатуру и расслабиться, точно так же, как я это делала в процессе медитации. Тогда Абрахам начинал отвечать на вопросы Джерри, которых у того всегда оказывалось великое множество. И они (Абрахам) были настолько умны, доброжелательны и открыты! В любое время дня и ночи они были готовы говорить с нами на любую тему, какая только могла прийти в голову.

Однажды после полудня я вела машину по автостраде, и вдруг у меня возникло странное ощущение во рту, щеках и шее, больше всего похожее на то, которое появляется, когда готовишься зевнуть. Импульс был очень сильным, настолько сильным, что я не смогла подавить его. В этот момент мы повернули и оказались зажаты между двумя огромными грузовиками. На какое-то мгновение мне показалось, что они собираются проехать чуть ли не по крыше нашей машины. И в ту же минуту из меня буквально вырвались следующие слова: «Сверни с автомагистрали на следующем выезде». Так Абрахам впервые заговорил с нами.

Мы съехали с автомагистрали, остановились в спокойном месте, а затем Джерри и Абрахам провели много часов, общаясь друг с другом. В это время мои глаза были закрыты, голова ритмично качалась из стороны в сторону, и я озвучивала ответы Абрахама на стремительный поток вопросов моего мужа.

Как же могло случиться, что такая удивительная вещь произошла именно со мной? Я столько раз думала об этом, но никак не могла поверить, что все произошло на самом деле. Ведь это, если говорить откровенно, гораздо больше похоже на знакомые нам с детства сказки — все равно что тереть волшебную лампу, загадывая желание. И при всем при том ничего более естественного и логичного я ни разу в жизни не встречала.

Иногда я с трудом вспоминала, какой была моя жизнь до того, как в нее вошел Абрахам. Я всегда (за исключением нескольких моментов) была тем, кого принято называть счастливым человеком. У меня было чудесное детство, мне удалось избежать многих душевных травм, которые подстерегают подростков. У меня были сестры, с которыми я жила очень дружно, у меня были любящие и понимающие родители. Потом я вышла замуж, и, сколько помню, мы с Джерри жили душа в душу уже в течение четырех лет. Словом, у меня в жизни все было в порядке, и я чувствовала себя совершенно счастливой. И уж конечно, я никак не могла отнести себя к тем людям, которые вечно ищут ответы на главные жизненные вопросы. Если говорить честно, я вообще не принадлежу к числу тех, кто любит задавать вопросы и старается по любому поводу сформулировать четкое мнение.

Зато Джерри, напротив, является ходячим хранилищем всевозможных вопросов. Он жадно выискивает любую новую информацию, интересуется самыми разнообразными техниками и приспособлениями, которые могут хоть как-то облегчить людям жизнь. Я еще не встречала человека, который бы, как Джерри, стремился помочь окружающим найти счастье в жизни.

Абрахам объяснил нам, что именно это различие темпераментов и является залогом успеха нашей совместной работы. Именно комбинация всех этих качеств привела в конечном итоге к общению с Абрахамом. Желание Джерри найти ответы на все вопросы и его стремление помочь людям призвало Абрахама, а мое спокойствие и отсутствие внутреннего страха позволило мне стать идеальным «приемником» и «передатчиком» информации между Джерри и Абрахамом.

Джерри с первого же разговора с Абрахамом был полон энтузиазма, поскольку сразу сумел проникнуться их мудростью, а также чистотой и ясностью того, что они предлагали. С тех пор прошли многие годы, но его энтузиазм ни в малейшей степени не угас. Никто и никогда не воспринимал мудрость Абрахама с таким же восторгом и радостью, как Джерри. Можно сказать, что он был и остается самым благодарным слушателем.

Когда мы только начали общаться с Абрахамом, то еще не до конца осознавали все огромное значение этого события. Мы не вполне понимали, с кем беседует Джерри, но все равно это был удивительный, уникальный опыт. Это фантастическое, нереальное, потустороннее общение казалось до такой степени странным, что я долгое время была абсолютно уверена: никто из окружающих людей меня не поймет, возможно, они просто *не захотят* понимать. В результате подобных размышлений я попросила Джерри пообещать мне, что он никому не станет рассказывать про наш удивительный секрет.

Сейчас мне кажется очевидным, что Джерри просто не мог, не был способен сдержать обещание, но я не жалею о том, что он его нарушил. Для меня нет ничего более приятного, чем находиться в компании людей, жаждущих общаться с Абрахамом. Мне нравится, когда у них есть вопросы, на которые Абрахам может дать ответ. Мы часто получаем отзывы от людей, которые общались с Абрахамом с помощью наших книг, видео- и аудиокассет, семинаров или Интернета. И обычно нам говорят примерно следующее: «Спасибо, что напомнили мне о том, что я знал всегда» или «Это помогло мне собрать воедино все обрывки знаний, которые я накопил за время жизненного пути. Теперь я смог понять все!»

Абрахам ни в коей мере не стремится предсказывать будущее, как всякие другие провидцы и прорицатели, хотя я уверена, что они всегда знают, что ждет нас всех впереди. Вместо этого они стали нашими учителями, проводниками в то будущее, которого мы сами себе желаем. Они объяснили, что не могут за нас решать, чего мы хотим, но в их задачи входит рассказать, как можно достичь желаемого. Приведу цитату: *«Абрахам не ведет вас к чему-то или от чего-то. Мы хотим, чтобы вы сами принимали все решения по поводу своих желаний. Мы хотим лишь одного — чтобы вы точно осознали свои желания. Единственным же нашим желанием является помочь вам научиться воплощать в жизнь ваши желания»*.

Моим самым любимым эпизодом за все время проведения семинаров с Абрахамом был разговор с мальчиком-подростком, который слушал запись беседы Абрахама с другими детьми. Дети спрашивали, Абрахам отвечал. В конце мальчишка заявил: «Сначала я не поверил, что Эстер на самом деле может разговаривать с Абрахамом. Но пока я слушал кассету, я изменил свое мнение. Я слышал, как Абрахам отвечал на вопросы, и поверил, что они действительно существуют. Видите ли, они не пытались никого оценивать или критиковать, они никому не навязывали свое мнение. Я не верю, что кто-нибудь из взрослых может быть таким мудрым и понимающим».

Для меня общение с Абрахамом было настолько впечатляющим, что я вряд ли сумею отыскать слова, способные описать мой восторг и восхищение. Я обожаю ощущать Благо в себе, а ведь этому я научилась именно у Абрахама. Мне нравится принимать их заботу и дружеское внимание, после общения с ними у меня остается удивительное чувство собственной значимости. Я просто счастлива видеть, что жизнь многих наших старых и новых друзей изменилась до неузнаваемости благодаря учению Абрахама. Я люблю чувствовать, как эти прекрасные и любящие нас Сущности проникают в мое сознание, когда я хочу их о чем-то спросить, всегда готовые помочь, ответить на любой вопрос и объяснить то, чего я не понимаю.

(Кстати, спустя несколько лет после нашей встречи с Шейлой и Тео, Джерри нашел имя Тео, точнее, его значение, в словаре. «Эстер! — с волнением позвал он. — А знаешь ли ты, как переводится имя *Тео*? Бог!» Как же это чудесно. Я улыбнулась и замерла на несколько мгновений, перенесшись в воспоминаниях в тот удивительный день, когда вся наша жизнь волшебным образом переменилась. Я вспомнила, как боялась тогда, что мне придется столкнуться со злом. А ведь я фактически разговаривала в тот день с Богом!)

Вначале, когда мы только начали устраивать встречи с Абрахамом, слушатели просили объяснить специфику наших взаимоотношений: «Как произошла ваша встреча? Каким образом вы установили взаимоотношения? Почему они выбрали именно вас? Каково это — чувствовать себя носителем подобной мудрости?» Таким образом, мы с Джерри были вынуждены перед каждым выступлением на радио или телевидении тратить некоторое время, отвечая на все эти и подобные им вопросы. Мы, конечно, старались полностью удовлетворить любопытство своей аудитории, но, если честно, меня подобное вступление всегда немного раздражало. Я с нетерпением ожидала той минуты, когда можно будет расслабиться и позволить сознанию Абрахама войти в меня. Мне хотелось поскорее начать главную часть процесса.

В конечном итоге мы сделали бесплатную запись «*Введение в учение Абрахама*», и теперь все желающие могут на досуге послушать, о чем там говорится. В этом введении мы подробно описали, кто такой Абрахам, как он появился в нашей жизни и как разворачивалось общение между нами. (В настоящий момент мы разместили это 74-минутное «Введение» на своем интерактивном сайте в Интернете по адресу **www.abraham-hicks.com**. Так что теперь вы можете, не сходя с места, узнать, кто мы такие и чем занимались до встречи с Абрахамом). Мы оба бесконечно рады, что нам удалось внести свою лепту в процесс преобразования учения Абрахама в форму, доступную для понимания других людей. Для нас в их послании заключена вся мудрость Вселенной.

Сегодня утром Абрахам сказал мне: «*Эстер, мы знаем, какие вопросы посылает во Вселенную коллективное сознание вашей планеты. С твоей помощью мы с удовольствием даем на них ответы. Расслабься и наслаждайся созданием книги*».

И вот я собираюсь расслабиться и позволить Абрахаму незамедлительно приступить к написанию книги для вас. Я догадываюсь, что они объяснят вам своими словами, кто они такие. Но самое главное, я думаю, что они помогут вам понять, кто такие *вы*. Мне хочется верить, что ваша встреча с Абрахамом будет иметь для вас такое же огромное значение, как и для нас с Джерри.

С любовью,
Эстер

Известное нам, возможно, забытое вами, но то, что важно помнить

Часть I

Глава 1

Великая сила хороших ощущений

Мы зовемся Абрахам и обращаемся к вам из Нефизического измерения. Вы, конечно, и сами понимаете, что тоже являетесь выходцами из Нефизических измерений. Таким образом, между нами не так уж много различий. Весь ваш физический мир возник как проекция Нефизического. Фактически вы сами и весь ваш мир — это продолжение Нефизической Исходной Энергии.

В этой Нефизической сфере мы не используем слов и потому не нуждаемся в речи. У нас нет языка, чтобы говорить, и ушей, чтобы слышать, но при этом мы великолепно общаемся друг с другом. Наша Нефизическая речь вибрационна, а наши нефизические сообщества, или семьи, формируются по принципу общего намерения. Другими словами, мы излучаем собственную сущность с помощью вибраций, притягивая себе подобных. Абсолютно то же самое происходит и в вашем физическом мире, только большинство из вас давно уже успело позабыть об этом.

Абрахам — это род Нефизических Сущностей, естественным образом возникший под влиянием сильного желания. Мы хотим напомнить вам, нашим физическим проводникам, о могущественных Законах Вселенной, что управляют всем и вся. Мы поможем вспомнить, что вы являетесь продолжением Исходной Энергии. Вы — благословенные, возлюбленные существа, и пришли в эту пространственно-временную реальность для того, чтобы жить и творить в довольстве, радости и счастье.

Всякий, кто существует физически, имеет свое Нефизическое продолжение. Исключений из этого правила не существует. Любой из нас имеет доступ к неограниченным возможностям, скрывающимся в сфере Нефизического, всегда и везде. Но, тем не менее, большинство физических созданий оказались до такой степени сбитыми с толку физической сущностью своей планеты, что в них развились стойкие принципы противодействия, которые мешают полноценному соединению с личным Источником. Мы хотим помочь тем, кто стремится вернуть эту связь.

Несмотря на то, что любому физическому существу доступна связь с Нефизическим миром, большинство из вас все-таки не осознает этого. Кроме того, далеко не редки случаи, когда вы верите в возможность подобного контакта, но при этом все равно продолжаете мыслить таким образом, что сами себя лишаете возможности сознательного взаимодействия с Источником.

Тем не менее иногда, совершенно случайно, открывается свободный канал связи, и мы получаем возможность передавать наши знания с помощью вибраций тем, кто может принять и понять их. Именно это и происходит с Эстер. Мы вибрационно передаем ей наш опыт способом, очень похожим на тот, что вам знаком как радиосигнал. Эстер получает информацию, переводя ее затем на доступный вашему пониманию язык слов. Мы должны сказать, что вряд ли кому-нибудь удастся найти слова, способные описать ту радость и счастье, которые мы испытываем оттого, что нам была предоставлена возможность передать свои знания вам, людям.

Больше всего нам хотелось бы, чтобы вы научились быть довольны своим нынешним положением, тем, что имеете в настоящий момент, вне зависимости от того, как складывается ваша жизнь. Мы прекрасно понимаем, насколько странными могут показаться эти слова, особенно если ваше теперешнее положение нельзя назвать блестящим и вы еще очень далеки от исполнения своих желаний. Но мы можем клятвенно заверить, что если вы, невзирая ни на какие проблемы и трудности, научитесь радоваться сегодняшнему дню, то в ваших руках окажется ключ, который откроет дверь, ведущую к совершенно другому уровню существования. Там вас будут ждать крепкое здоровье, любовь, материальное благополучие и все остальное, чего только можно себе пожелать. Эти страницы написаны специально для того, чтобы вы могли как можно лучше понять самих себя и все, что происходит вокруг. Но одни только слова не могут по-настоящему научить. Самые нужные и важные знания можно получить только из собственного жизненного опыта. И если вы будете постоянно накапливать знания и опыт, то ваша жизнь станет куда многогранней: в ней будет и исполнение желаний, и удовольствие, и радость, и любовь. Жизнь — это непрерывное проявление вашего истинного «я».

Вы слышите только то, что готовы услышать

Мы говорим с вами одновременно на многих уровнях вашего сознания, но вы способны воспринимать только то, к чему готовы в данный конкретный момент. Каждый из вас почерпнет что-то свое из этой книги, но, перечитывая ее, каждый раз будет получать все новые и новые знания. Для того, кто сумеет понять всю силу написанного здесь, эта книга станет настольной, и он будет без конца перечитывать ее. Перед вами книга, которая может помочь физическим Сущностям понять свою связь с Богом и своим истинным «я».

Это — книга, которая поможет вам познать самих себя, понять, кто вы есть, кем были, кем будете и к чему идете. Благодаря нашей книге вы сумеете осознать: нет конца этому пути, как нет предела совершенству. Она приведет вас к осмыслению своего прошлого и будущего. Но в первую очередь (и это представляется нам наиболее важным) с ее помощью вам удастся понять, какой огромный потенциал скрывает в себе ваше могущественное *настоящее* и как нужно создавать собственный жизненный опыт.

И, наконец, книга расскажет вам об *Эмоциональной Руководящй Системе* и разъяснит, что представляет собой *вибрационная установка.*

Здесь вы найдете описание целой серии процессов, которые дадут вам возможность вновь обрести связь с Нефизической составляющей вашей Сущности и тем самым окажут неоценимую помощь в достижении желаемого. Как только вы примените описанные здесь способы и вспомните вечные Законы Вселенной — *к вам естественным образом вернется острота чувств и радость жизни.*

Глава 2

Мы выполняем свои обещания — напоминаем о том, кто вы такие

Знаете ли вы, чего хотите? Известно ли вам, что вы творец собственной жизни? Довольны ли вы тем, как исполняются ваши мечты? Чувствуете ли вы остроту и свежесть нового желания, волнующего душу?

Возможно, вы принадлежите к числу тех редких представителей рода человеческого, которые могли бы ответить: «Да, мне нравится, как воплощаются в жизнь мои мечты. Я доволен своим теперешним положением и чувствую себя великолепно, несмотря на то, что некоторые мои желания до сих пор не исполнились». Если это так, то вы понимаете, кто вы есть на этой земле и что представляет собой ваша физическая жизнь. Но, скорее всего, вы (как, впрочем, большинство людей на планете) чувствуете себя неудовлетворенным собственными достижениями, и вам нужно больше денег, чем есть на данный момент.

Возможно, вас не устраивает ситуация на работе: не складывается карьера, и нет никаких перспектив. Не исключено, что вы потерпели неудачу на любовном фронте или у вас возникли проблемы в семье. И, наконец, порой само ваше тело отказывается вам подчиняться, здоровье оставляет желать лучшего, да и выглядите вы совсем не так, как того хотели бы... Тогда позвольте обратить ваше внимание на несколько очень важных, но при этом на редкость *легких-для-понимания* моментов.

Мы собираемся сообщить эту информацию, поскольку искренне хотим, чтобы вы сумели найти собственный путь, который поможет воплотить в жизнь все ваши мечты. Но в действительности это только одна (и даже не главная) из причин, которыми мы руководствуемся. Мы понимаем, что стоит вам только добиться желаемого, как вы тут же придумаете для себя что-нибудь новенькое. Если подойдет к концу один список ваших насущных желаний, так тут же на его месте появится другой, который будет, вдобавок, еще длиннее. Поэтому наша книга написана не для того, чтобы вы могли реализовать абсолютно все идеи, какие только придут вам в голову, поскольку прекрасно понимаем всю бессмысленность и бесполезность подобных попыток.

Мы создали эту книгу, чтобы вы вспомнили, какая могучая сила горячо пульсирует в глубине вашего истинного «я» и поверили в свой успех. Мы написали ее, стремясь вернуть вам естественный оптимизм, надежду, радость и удовольствие от жизни. Мы хотим, чтобы вы поверили: для вас нет ничего невозможного. Вы можете сделать и получить все, чего хотите. Мы написали книгу хотя бы потому, что обещали сделать это. И сейчас, когда вы держите ее в руках, это обещание можно считать выполненным.

Вы сказали: «Я буду жить в радости!»

Вы сказали: «*Я буду двигаться вперед в этой пространственно-временной реальности среди других подобных мне созданий, и я признаю свою тождественность с ними. Я научусь смотреть на себя именно с этой точки зрения, и мне будет нравиться воспринимать себя подобным образом*».

Вы сказали: «*Я буду внимательно наблюдать за всем, что меня окружает, и ответом на эти наблюдения станет появление на свет моих собственных желаний*».

Вы сказали: «*Я буду знать цену своим желаниям. Я буду понимать значимость лежащих передо мной перспектив*».

И, наконец, вы сказали наиболее важные слова: «*Я всегда буду чувствовать силу и значимость собственных перспектив, чтобы творящая миры „Нефизическая энергия“ свободно текла ко мне, проникая в решения, намерения, в каждую из моих мыслей, для создания всего, что было задумано*».

До вашего физического рождения вы знали о том, что были «Исходной Энергией», специально сфокусированной в физическом теле. И вы знали, что тело, которое получили, неотделимо от нее. Вы понимали, что между вами и Исходной Энергией существует неразрывная и постоянная связь.

Вы сказали: «*Я буду любить пребывание в физическом теле, в пространственно-временной реальности, и окружающий мир позволит мне сфокусироваться на могущественной Энергии, которая является моим истинным „я“, и поможет направить ее на более конкретные дела. Это придаст мне новых сил в движении вперед — и подарит радость*».

Мы знаем вас

Итак, вы влились в это чудесное тело, помня о радости и счастье, о могуществе собственной природы. Тогда вы знали, что всегда будете помнить величие Источника, из которого вышли. Вы знали, что связь с ним никогда не прервется.

И теперь, пожалуйста, постарайтесь вспомнить (не обращая внимания на то, как складывается на сегодняшний день ваша жизнь) о том, что вы никогда не утратите связь с этим Источником.

Мы пришли сюда, потому что хотим напомнить: вы обладаете удивительной, могущественной природой. Мы хотим дать вам возможность стать тем счастливым, довольным, радостным, всегда готовым к чему-то новому человеком, каковым вы являетесь на самом деле.

Так как мы знаем, кто вы такие, нам совсем не трудно помочь и вам вспомнить о том, кем вы являетесь на самом деле.

Поскольку мы находимся там, откуда вы пришли, нам легко напомнить о том, где именно начинался *ваш* путь.

И поскольку мы знаем, в чем заключается ваше желание, для нас не составит труда помочь воплотить его в жизнь.

Для вас нет ничего невозможного

Мы хотим еще раз напомнить о том, что для вас нет ничего невозможного: вы можете стать тем, кем захотите, сделать или получить то, чего желаете. Мы же пришли сюда только для того, чтобы помочь вам в реализации всех ваших начинаний. Но нам нравится и та ситуация, которая складывается в вашей жизни на данный момент (даже если вас самих она совершенно не устраивает). Просто мы знаем, каким радостным и увлекательным будет путешествие из того места, где вы находитесь сейчас, туда, где вы хотели бы оказаться.

Мы поможем позабыть те образы и представления, что вы накапливали в течение всего физического существования, — они только мешают радоваться жизни и лишают сил. Мы хотим, чтобы в глубине вашего многогранного «я» начало пульсировать истинное знание, обладающее великой силой.

Итак, расслабьтесь и получайте удовольствие от легкой и приятной прогулки, которая поможет вам открыть свою истинную природу. Мы мечтаем, что в тот момент, когда вы перевернете последнюю страницу книги, вы будете знать самих себя так же хорошо, как мы знаем вас, будете любить себя, как мы вас любим, и, наконец, будете радоваться жизни точно так же, как это умеем делать мы.

Глава 3

Вы — творцы своей реальности

Не так давно в книгах Сета (Seth), написанных Джейн Робертс, наши друзья Эстер и Джерри нашли следующее высказывание: «Вы — творец собственной реальности». Для них это была в равной степени волнующая и одновременно пугающая перспектива, поскольку они, как и многие другие наши физические друзья, всегда хотели сами контролировать свою жизнь, но при этом сталкивались со следующими основными вопросами: «Неужели мы и в самом деле способны создать именно ту реальность, которую хотим? И если это действительно возможно, то как и с чего нам следует начинать?»

Основа вашей жизни – абсолютная свобода

Вы появились на свет с врожденным знанием того, что способны творить собственную реаль-

ность. И это знание настолько глубоко проникло в вас, что если какие-нибудь непредвиденные обстоятельства мешают творческому процессу, вы сразу же начинаете чувствовать внутренний дискомфорт. Вы были рождены для того, чтобы создавать собственную действительность, и желание творить постоянно горячит вашу кровь. Но когда вы вступаете в общество, то вынуждены принимать множество самых разнообразных условий, диктуемых окружающими, и ваша жизнь начинает развиваться по заранее разработанному шаблону. Но, несмотря ни на что, в глубине души продолжает жить уверенность в том, что *вы*, именно вы, являетесь творцом собственной жизни. Вы чувствуете, что в основе любого жизненного опыта лежит абсолютная, ничем не ограниченная свобода и, главное, что создание собственной реальности находится целиком и полностью в ваших руках.

Вряд ли вы когда-либо испытывали большое удовольствие от того, что кто-то другой указывал вам, что и как нужно делать. Вам не нравилось, когда в вас заглушали ваши мощные внутренние импульсы. Но время идет, и рано или поздно обязательно появляется человек, который в ваших глазах выглядит достаточно умным и компетентным. Его мнение кажется более разумным, а его путь выглядит гораздо более практичным, чем ваш собственный. И вот вы мало-помалу начинаете отказываться от возможности руководить собственной жизнью. Вам начинает казаться, что гораздо проще приспособиться к уже проверенным идеям, чем пытаться проводить в жизнь собственные планы и решения. Но, приспосабливаясь к условиям общества ради видимого комфорта или из желания избежать неприятностей, вы незаметно для себя теряете главную основу собственной жизни — полную и абсолютную свободу созидания.

Отказ от этой свободы не проходит легко и безболезненно, однако вы никогда не осознаете его полностью, поскольку эти изменения происходят в глубинах вашей сущности. И все же, вопреки естественным стремлениям своей природы и наперекор велению души, вы идете на поводу у привычной рутины. Или с безнадежностью признаете, что у вас нет другого выбора, кроме как... отказаться от права выбирать.

Никто другой не может творить вашу жизнь

Эта книга — о вашем возвращении к Исходной Энергии. Она — о чистоте, добре и силе, которые неотъемлемы от вашего истинного «я». Она призвана помочь вновь обрести знание того, что вы *обладаете, обладали* и всегда *будете обладать свободой* делать собственный выбор. Разве может вам понравиться, если кто-то посторонний начнет вмешиваться в тот процесс, который зовется сотворением собственной реальности? В действительности ни для кого, кроме вас, это попросту невозможно.

Когда-то вы соединились с вечными силами и Космическими Законами — и это было, есть и будет основой вашего истинного «я». В вас таится счастливое создание, ждущее выхода на свет из физической оболочки, чтобы *вы* стали творцом своей реальности. Поверьте, это прекрасно — когда вы можете управлять собственной жизнью.

Вы – вечное существо в физическом обличии

Вы представляете собой вечную Сущность, которая выбрала это (весьма необычное) физическое существование по многим весомым причинам. Данная пространственно-временная реальность на планете Земля служит своего рода платформой, на которой вы можете реализовывать собственные творческие идеи.

Каждый из вас представляет собой вечный Разум, который на данный момент оказался воплощенным в этом прекрасном физическом теле, чтобы получить возможность претворить в жизнь самые удивительные замыслы. Данное физическое существо, которое называется «вы», стоит на Передовом Крае Мысли, поскольку Разум, являющийся вашим истинным Источником, пронизывает каждую клетку вашего тела. И в самые счастливые моменты своей жизни вы раскрываетесь навстречу Источнику и позволяете ему проявиться в вас.

Бывают такие минуты, когда вы полностью раскрываете истинную, глубинную природу своей Сущности и даете ей возможность проявиться в жизни, но гораздо чаще вы совершенно на это не способны. Мы написали эту книгу, чтобы вы смогли понять: всегда можно освобождать скрытую истинную Сущность, одной лишь силой собственного желания. Когда вы научитесь *сознательно* связываться с собственным «я», которое является вашим Источником, жизнь наполнится абсолютной радостью. Если вы станете осознанно выбирать направление собственных мыслей, то сможете находиться в постоянном контакте с Исходной Энергией, с Богом, с радостью и со всем, что помогает вам чувствовать себя счастливым.

Абсолютное Благо — основа вашей Вселенной

Благо — это основа вашей Вселенной. Благо — это Основа Основ. Оно проникает в вас и проходит сквозь вас. Вам необходимо только принять его. Оно входит в вас, как воздух, наполняющий ваши легкие при каждом вдохе. Вам нужно только расслабиться, открыться и погрузиться в себя.

В этой книге написано о сознательном и естественном подключении к Потоку Благ. Мы все время будем напоминать о том, кем вы являетесь на самом деле. Знайте, что вы можете продолжать процесс создания собственной реальности, как делали это всегда, прежде чем пришли в свое физическое тело. Вы вновь сможете вернуться к великолепному ощущению того, что можете управлять своей жизнью... и будете свободно и радостно создавать собственную реальность.

Понимаете ли вы, какое великое благо течет в ваши руки? Знаете ли, какое огромное количество возможностей доступно вам? К вашим услугам самые гармоничные сочетания обстоятельств и событий, так понимаете ли вы, насколько любимы? Осознаете ли, что вся планета, вся Вселенная существуют только для того, чтобы вы могли идти вперед и совершенствоваться?

Чувствуете ли вы, как вы любимы, как благословенны и желанны, знаете ли вы, что являетесь неотъемлемой частью великого процесса творения? Мы хотим, чтобы вы это знали. Мы хотим, чтобы вы сумели понять благословенность своего существования, чтобы вы научились находить этому подтверждение во всем. Мы каждую минуту демонстрируем вам все возможности, но вы и сами вскоре сумеете найти доказательства, подтверждающие наши слова: к вам придет любовь, возрастет материальный достаток, и появится ощущение полноты жизни. Сколько же чудесных вещей откроется вашему взгляду! Вы увидите, как в ряд начнут выстраиваться удачные обстоятельства и события, как жизненный опыт начнет пополняться новыми удивительными ощущениями. И как немного нужно для этого — всего лишь научиться радоваться и получать удовольствие от настоящей минуты. Но как это порой сложно...

Ваше движение вперед неизбежно — так было, есть и будет. Вам ничего больше не остается, как двигаться вперед. Но это не является единственной целью вашего пребывания на Земле: вы здесь для того, чтобы испытывать бесконечную радость и счастье. Вот в чем состоит смысл вашей жизни.

Глава 4

Как я могу достичь желаемого?

Возможно, наиболее часто задаваемый вопрос из тех, что мы слышим от наших физических друзей, звучит так: «Почему приходится так долго ждать получения того, что я хочу?»

Это не потому, что ваше желание недостаточно сильное.
И не потому, что вы недостаточно умны.
И не потому, что вы недостойны своего желания.
И не потому, что судьба против вас.
И не потому, что желаемое все время достается кому-то другому.

Причина неудач состоит в том, что ваш образ мыслей находится в вибрационном несоответствии с вибрацией самого желания. Это единственная причина — всегда и во всем! Вам обязательно нужно понять и, что еще важнее, *почувствовать* это. Если вы остановитесь и подумаете о наших словах, а также попытаетесь прочувствовать, что скрывается за ними, то и сами сможете обнаружить скрывающийся в вас глубокий внутренний диссонанс.

Итак, начиная с этой минуты, от вас требуется одно-единственное действие: постепенно, шаг за шагом, находить в себе те мысли и чувства, которые препятствуют вашему продвижению вперед и являются основными противодействующими факторами. Облегчение, которое вы почувствуете, станет для вас признаком того, что вы обнаружили в себе источник беспорядка и начали от него освобождаться. Точно так же, если вы вдруг начинаете ощущать усиливающееся беспокойство, напряжение, страх, разочарование и так далее — знайте, что это сигнализирует об усилении внутреннего сопротивления.

Благо уже ждет у вас за дверью

Нам хотелось бы напомнить о главном условии, которое вы должны осознать прежде, чем отправитесь в этот путь: Благо стремится к вам, оно нуждается в вас! Ваша удача уже стоит у вас за дверью. Все, чего вы хотели (неважно, говорили вы об этом вслух или просто мечтали в глубине души), уже послано в виде вибраций в глубины Вселенной. Источник уже получил сигнал и понял его. Более того, он уже ответил вам. Теперь остается только *почувствовать* свой путь, который позволит достичь желаемого.

Вы являетесь физическим продолжением Исходной Энергии

Вы представляете собой продолжение Исходной Энергии. Вы стоите на Передовом Крае Мысли. Эта пространственно-временная реальность возникла благодаря великой силе мысли задолго до того, как она воплотилась в ту физическую форму, которую можно наблюдать сейчас. *Все, что окружает вас в этом физическом мире, было создано Нефизической Энергией и является проекцией той силы, которую вы зовете Источником. И точно так же, как Источник создал эту планету, вы, благодаря великой силе своих мыслей, продолжаете творить собственный мир. Вы — Вершина Мысли в своей пространственно-временной реальности.*

Вы и то, что зовется Источником, — единое целое.
Вы никогда не можете быть оторваны от Источника.
Источник не может быть отделен от вас.
Говоря о вас, мы подразумеваем Источник.
Говоря об Источнике, мы подразумеваем вас.
Источник никогда не допустит появления мысли, способствующей полному разъединению с ним.

В вашей голове никогда не поселится мысль, которая бы смогла послужить причиной полного разрыва с Источником (разрыв — вообще-то слишком сильное слово в данном случае), но очень многие из ваших мыслей обладают достаточной силой и потому мешают вашей *вибрационной* природе естественным образом подключаться к Источнику. Мы даем этому следующее определение — *сопротивление.*

Единственная форма противодействия, или сопротивления соединению с Источником, возникает вследствие реакции на окружающую физическую реальность. Источник всегда открыт для вас, и Поток Благ постоянно течет по направлению к вам. Очень часто вы готовы к тому, чтобы впустить Благо в свою жизнь, но нередко все происходит с точностью до наоборот. *Мы хотим помочь вам научиться осознанно пребывать в соединении с Источником большую часть времени.*

Являясь продолжением Нефизической Энергии, ваши мысли никогда не стоят на месте, а движутся вперед, и, благодаря жизненным контрастам, вы можете делать выводы и приходить к определенным решениям. И когда вы сумеете привести мысли в соответствие с собственными желаниями, откроется поток Нефизической Энергии, творящей миры... Это будет означать, что ваша душа наполнится ликованием и энтузиазмом, что вас ждет триумф. Это ваша судьба.

Вы вышли из Нефизического измерения. Вы сотворили самих себя. И теперь в своем физическом измерении вы продолжаете творить. Все мы должны иметь объекты, на которые можем направить свое внимание. У нас должны быть желания, которые будут пробуждать наши души, давая почувствовать полноту и всесторонность своей натуры, плывущей по бескрайним волнам Всего Сущего. Именно такие желания и делают вечность вечной.

Эволюция в оценке ваших личных предпочтений

Не стоит недооценивать важность собственных предпочтений, поскольку все развитие планеты зависит от вас, стоящих на Передовом Крае Мысли и точно управляющих своими желаниями. Те контрасты, то многообразие жизни, в которых вы находитесь, наилучшим образом способствуют формированию ваших собственных предпочтений. Когда вас повсюду окружают контрасты и противоречия, то на свет постоянно рождаются новые желания. Они исходят от вас в форме вибрационных сигналов, направляющихся непосредственно к Источнику; тот дает на них немедленный ответ — и в этот момент Вселенная расширяется.

Но эта книга не о Вселенной и не об Источнике, который немедленно отвечает на каждую просьбу, как, впрочем, и не о вашей личной значимости — потому что все это дано вам. Эта книга рассказывает, каким образом вы можете занять собственную вибрационную позицию, чтобы получить все то, о чем просили.

Наука Сознательного Творения

Мы хотим помочь реализовать все то, что вы задумали, что родилось в вашей душе под влиянием окружающего мира. Мы желаем, чтобы вы почувствовали всю радость *осознанного* творческого созидания собственной реальности. Вы *действительно* способны создавать собственную реальность, и никто другой не может сделать этого за вас. Впрочем, зачастую вы творите собственную реальность, даже не подозревая о том, что делаете это. Такое бессознательное творчество и является причиной полного краха, к которому вы в конце концов приходите. *Если вы осознанно выбираете мысли, если отдаете себе отчет, о чем думаете, то тогда вас можно назвать Сознательным Творцом своей реальности* — но ведь именно это и было главным намерением, когда вы решили воплотиться в своем физическом теле.

Ваши желания, ваши ожидания и надежды — это не что иное, как мысли. «Просите — и дано будет вам». Вы просите, когда обращаете на что-то внимание, когда просто чего-либо хотите, когда страстно желаете — вы просите всегда. (Неважно, *исполнится* ваше желание или *нет*, вы все равно просите...) Вам совершенно ни к чему использовать слова. Вы просто чувствуете где-то в глубине души: *я мечтаю об этом, я хочу, я жду и надеюсь* и так далее. Именно желание служит началом процесса притяжения.

Вы никогда не устанете от вдохновения или от созидания, поскольку нет конца человеческим идеям, желаниям и стремлениям. Каждая мысль о том, что вы хотели бы испытать или узнать, чем бы хотели обладать, получает ответ — и открывает перспективы для новых желаний. Бесконечное разнообразие жизни побуждает испытывать все новые и новые желания, которым не видно ни конца, ни края. Поэтому никогда не закончатся ваши «просьбы», и «ответы» никогда не остановят своего течения. Итак, для вас открыты любые новые перспективы. Заманчивые горизонты, волнующие душу и рождающие новые идеи и мечты, всегда будут притягивать ваш взор.

Однажды вы придете к мысли о том, что вы — вечны, и это успокоит душу. Ваше существование никогда не закончится. Вы поймете, что новые желания будут постоянно рождаться в душе, и Источник никогда не прекратит отвечать на них. Вы проникнете в вечность, и потому вас уже не будет волновать, если какое-либо из желаний пока еще не исполнилось.

В этом и состоит наше главное желание — научить вас радоваться тому, что есть. Будьте довольны тем, что имеете на данный момент, — и в то же время желайте большего. Это было бы оптимальным состоянием духа: чувствовать, что находишься в самом начале пути, быть настроенным оптимистически и радостно, с уверенностью смотреть в будущее... И никаких сомнений, нетерпения, страха или неуверенности, мешающих исполнению задуманного. Вот вам наука Сознательного Творения в лучшем своем виде.

Глава 5

Простая модель все ставит по местам

Перед вами поток, текущий сквозь все на свете. Он существует везде, во Всем Сущем. Это основа Вселенной и основа вашего физического мира. Некоторые из вас знают, что такая Энергия есть, но большинство людей даже не догадываются о ее существовании. Но как бы там ни было, каждый из нас ощущает на себе ее влияние.

Когда вы поймете, на чем основывается этот мир, и начнете искать или, правильнее сказать, попытаетесь *прочувствовать* свое знание Источника Энергии, являющегося началом всех начал, то сможете осознать, в чем заключается сущность вашей жизни. Вы также гораздо яснее станете понимать все, что происходит в окружающем мире.

Постоянная формула, дающая постоянный результат

Если вы начнете изучать математику и поймете ее основные положения, то потом сможете с успехом применять эти знания на практике. Так и однажды познав формулу, управляющую миром, вы всегда сумеете получить нужный результат. Законы этого мира настолько постоянны, что вы научитесь предсказывать свое будущее с абсолютной точностью и сможете лучше понять свой прошлый опыт, даже если это казалось вам раньше совершенно невозможным.

Вы больше никогда не почувствуете себя игрушкой в руках судьбы, невольной жертвой обстоятельств, независимо от того, идет ли речь о прошлом, настоящем или будущем. Вы распрощаетесь со страхом перед тем, что какое-либо неожиданное событие может перевернуть вашу жизнь с ног на голову. Вы осознаете, что в ваших силах целиком и полностью контролировать течение жизни. Добившись этого, вы наконец-то получите возможность обратить внимание на собственную созидательную силу. Вы узнаете, какое это великое и непередаваемое блаженство — управлять своей судьбой. Вы поймете, насколько это прекрасно — видеть, как обстоятельства, словно по мановению волшебной палочки, складываются именно так, чтобы любые ваши желания могли исполниться. Каждый человек обладает этим мощным потенциалом... и некоторые из вас это понимают.

Это невероятно волнующее состояние — чувствовать, как под влиянием многообразия жизни в душе возникают самые неожиданные желания, и при этом осознавать, что любое из этих желаний может быть исполнено. Начиная с этого момента веры и понимания, вы сможете сократить время, которое должно пройти между появлением идеи или желания и их полным и абсолютным воплощением.

Вы должны знать — все, о чем вы мечтаете, может исполниться легко и быстро.

Вы – Вибрационные Сущности в Вибрационном мире

Вы легко можете *почувствовать* наличие или отсутствие достаточно сильной связи с Источником. Другими словами, чем лучше вы себя чувствуете, чем явственнее ощущаете уверенность в себе, радость и оптимизм, тем сильнее эта связь. Чем хуже ваше настроение, тем слабее соединение с Источником. Хорошее самочувствие и настроение означают, что доступ к Источнику для вас открыт. Плохое настроение — равносильно закрытию каналов, по которым может быть установлено соединение. Если вы находитесь в угнетенном состоянии духа, то это значит, что вы отказываетесь от своего Источника.

Все люди — на самом деле не что иное, как Вибрационные Сущности, даже если в своем физическом воплощении они состоят из плоти и крови. Любое событие в вашем физическом окружении также представляет собой вибрацию. Поэтому только благодаря способности истолковывать вибрации вы можете понимать физический мир во всех его проявлениях. Другими словами, при помощи глаз вы «переводите» окружающие вибрации в зрительные образы и получаете ту картинку, которую видите. Используя слух, переводите вибрации в звуки. То же самое происходит и с обонянием, вкусом и осязанием — в результате осмысления вибраций вы получаете ощущения, при помощи которых познаете окружающий мир. Но наиболее опытными и искушенными толкователями вибраций являются ваши эмоции.

Ваши эмоции в роли вибрационных переводчиков

Обращая внимание на те сигналы, которые постоянно посылают эмоции, вы легко и при этом абсолютно точно поймете все, что происходит в жизни сейчас или случалось когда-либо раньше. Именно благодаря такой точности и легкости (которых вы никогда прежде не испытывали) вы сможете использовать новое понимание собственных эмоций для того, чтобы наполнить яркими красками будущее, открывшееся теперь перед вами во всем своем великолепии и многообразии.

Внимание к своим чувствам позволит вам быстро и безошибочно найти причины своего нынешнего положения. Сделав это, вы продолжите радостно двигаться вперед, как, собственно говоря, и планировали. Осознав эмоциональную связь со своим истинным «я», вы станете не только понимать события, происходящие в вашей жизни и в окружающем физическом мире, но и узнаете, «чем дышат» другие Сущности и как они влияют на вас и друг на друга. Больше не будет вопросов, на которые вы не смогли бы отыскать ответ. Вы сумеете узнать — и на очень глубоком уровне, который стал доступен благодаря расширению Нефизических перспектив и вашему личному физическому опыту — абсолютно все о себе, о своем мире, о том, кем вы были, кем являетесь сегодня и кем станете в будущем.

Глава 6

Закон Притяжения — самый могущественный закон Вселенной

Каждая мысль обладает вибрационной природой, каждая мысль излучает сигнал и притягивает обратно точно такой же. Мы называем этот процесс *Законом Притяжения. Закон Притяжения* гласит: *подобное притягивает подобное*. Таким образом, вы можете представить себе *Закон Притяжения* в виде Вселенского Управляющего, следящего за тем, чтобы похожие мысли находили друг друга.

Вам станет понятно действие этого принципа, если вы включите радиоприемник и начнете осторожно крутить ручку, пытаясь поймать нужный сигнал. Вы ведь не ждете, что музыка, которую передают на частоте 101FM, вдруг зазвучит, когда ваш приемник настроен на волну 98.6FM. Понятно, что радиочастоты должны совпадать, и *Закон Притяжения* согласен с этим. Итак, поскольку в течение всей жизни вы, одну за другой, запускаете в космос вибрационные «ракеты» собственных желаний, то просто необходимо найти способ находиться с ними в постоянной вибрационной гармонии.

На что вы направляете внимание?

Все, на что вы направляете внимание, рождает вибрацию, тождественную вашему запросу, который, в свою очередь, тождествен вашей точке притяжения. Если у вас есть желание, которое пока еще не исполнилось, то достаточно будет просто обратить на него свое внимание, и тогда, согласно *Закону Притяжения*, вы пошлете нужную вибрацию и получите то, чего хотели. Однако если вы станете страдать от отсутствия желаемого, то *Закон Притяжения* продолжит подбирать соответствующую вибрацию *«не имею»*, а вам останется только кусать локти. Таков Закон.

Как узнать, что именно я притягиваю?

Ключ для воплощения желаний в жизнь — это достижение вибрационной *гармонии* с ними. Самый легкий путь для достижения гармонии вибраций — просто представить себе, что вы уже получили желаемое. Притворитесь, будто вы уже имеете все, чего хотели, ощутите от этого радость и удовлетворение. Постоянно практикуясь в подобных мыслях и посылая нужную вибрацию, вы в конце концов окажетесь в нужное время и в нужном месте, чтобы впустить желаемое в жизнь. Поэтому, обращая внимание на то, о чем вы думаете и что *чувствуете*, вы легко сможете определить, на чем концентрируетесь: на желаемом или на его *отсутствии*. Когда ваши мысли находятся в вибрационном соответствии с желанием, вы чувствуете себя прекрасно, ваши эмоции — удовольствие, радостное ожидание и стремление вперед. Но если вы завязнете в мыслях о неудачах, потерях, невезении и так далее, то вас ожидают пессимизм, беспокойство, неудовлетворенность, злость, неуверенность, вплоть до депрессии. Словом, если вы начнете *осознанно* следить за своими эмоциями, то всегда поймете, как обращаться с доступной вам частью Процесса Созидания, и уже не станете задаваться вопросом, почему в жизни иногда все идет шиворот навыворот. Ваши чувства — самый лучший провожатый, и, следуя за ними, вы сумеете прийти к исполнению любых желаний.

Вы получите все, о чем думаете, хотите этого или нет

Согласно могущественному Всеобщему Закону Притяжения вы притягиваете сущность того, о чем думаете больше всего. Таким образом, если вы часто думаете о том, чего хотите, то это обязательно отразится на вашей жизни. С другой стороны, если вы предпочитаете думать о том, что вам неприятно, то именно это и рискуете в результате получить.

О чем бы вы ни думали, это можно назвать своего рода планированием грядущих событий. Испытывая чувство благодарности, вы планируете. Когда вы беспокоитесь — тоже планируете. (Беспокоясь, вы используете свое воображение для создания нежелательных для вас событий.) Любая мысль, идея или вещь, любая Сущность — это вибрация, поэтому, когда вы фокусируете внимание на чем-либо (пусть даже на очень короткое время), вибрация вашей Сущности начинает отражать вибрацию того, на чем вы концентрируетесь. Чем дольше вы думаете, тем более сходными становятся эти вибрации. Чем больше они похожи, тем сильнее притягиваются друг к другу. Подобная тенденция будет усиливаться до тех пор, пока вы не предложите какую-либо другую вибрацию. Когда это произойдет, вы сами привлечете в свою жизнь вещи, соответствующие данной вибрации. Если вам знаком *Закон Притяжения*, вас уже не удивит ни одно событие в жизни, поскольку вы понимаете, что любое из них, даже самое незначительное, является следствием ваших собственных мыслей. *Ничто никогда не происходит без вашего мысленного на то разрешения.* Поскольку для великого и могущественного *Закона Притяжения* не существует исключений, то вы без труда постигнете его основную суть. Однажды вы поймете, что всегда получаете именно то, о чем думаете. Когда это произойдет, когда вы осознаете, как важно быть внимательным к своим мыслям, то встанете на путь абсолютного контроля всех событий, происходящих в жизни.

Насколько велики ваши вибрационные несоответствия?

Приведем несколько примеров. Существует огромное вибрационное несоответствие между тем, каков ваш партнер на самом деле, и тем, каким бы вам *хотелось* его видеть. И подобные мысли, без всяких исключений, обязательно отражаются на ваших взаимоотношениях. Вполне возможно, что вы делаете это неосознанно, но, тем не менее, вы в буквальном смысле «надумываете» собственные отношения с партнером.

Желание улучшить свое финансовое положение наткнется на непреодолимое препятствие в виде зависти, которую вы испытываете по отношению к более удачливому соседу, поскольку вибрация желания и вибрация зависти прямо противоположны друг другу.

Понимание своей вибрационной природы даст вам возможность легко и осознанно творить собственную реальность. И обязательно наступит время, когда с помощью практики вы обнаружите, что все мечты и желания легко воплотить в реальность — словно не существует никаких препятствий между вами и тем, кем вы хотели бы быть, что бы хотели иметь и чем заниматься.

Вы – сгусток Вибрационной Энергии

Вы — Сознание.
Вы — Энергия.
Вы — Вибрация.
Вы — Электричество.
Вы — Источник.
Вы — Творец.
Вы — Вершина Мысли.

Вы являетесь самым необычным, самым активным накопителем и утилизатором Энергии, которая творит миры и существует повсюду в этой вечной, бескрайней, постоянно развивающейся Вселенной.

Вы творческий гений, находящийся на Вершине данной пространственно-временной реальности, и ваше предназначение в этом мире — двигаться в мыслях все дальше и дальше от исходных позиций.

Даже если все вышесказанное покажется на первый взгляд более чем странным, в дальнейшем это поможет вам осознать себя как Вибрационную Сущность. Это осознание является абсолютно необходимым, поскольку как Вселенная, в которой вы обитаете, так и управляющие ею Законы основаны на вибрации.

Однажды вы сознательно придете к согласию с Космическими Законами, и вашей главной победой станет постижение основной сути вещей. Тогда на смену тайнам и загадкам придут ясность и понимание. Сомнения и страхи останутся в прошлом, а вместо них в душе поселятся знание и убежденность, неопределенность сменится уверенностью — и радость снова станет основой вашего существования.

Когда ваши желания и надежды находятся в вибрационном соответствии

Подобное притягивает подобное, поэтому вибрация вашей Сущности должна соответствовать вибрации желания, для того чтобы быть наиболее полно воспринятой вами. Не стоит мечтать об исполнении желания, если по большей части фокусировать свое внимание на отсутствии желаемого, а не на его получении. Трудно себе представить более несходные по своему значению вибрации, чем вибрационная частота отсутствия и вибрационная частота обладания. Другими словами: *если вы действительно хотите добиться желаемого, то желания и убеждения обязательно должны находиться в вибрационном соответствии. Только тогда желание может исполниться.*

Бросим беглый взгляд на следующую картину: вы обладаете некоторым жизненным опытом, побуждающим вас, сознательно или бессознательно, определять собственные предпочтения. Когда это происходит, Источник, который слышит и любит вас, немедленно отвечает на посланный вами вибрационный электронный импульс. В данном случае уже не имеет значения, делали вы этот запрос осознанно, облекая его в словесную форму, или посылали мысленно.

Таким образом, неважно, как именно вы обращаетесь к Источнику — используете ли вы для этого слова, или желание случайно возникает в голове в виде смутного ощущения — в любом случае запрос будет услышан, и вы обязательно получите на него ответ. Так происходит всегда, для этого правила не существует исключений. Когда вы просите, то всегда получаете ответ.

Все Сущее черпает силы... в вашем существовании

Жизненные впечатления постоянно вызывают все новые и новые желания, рождающиеся в глубине вашего «я», и благодаря тому, что Источник слышит и немедленно отвечает на любое из них, Вселенная, в самом сердце которой мы находимся, начинает расширяться. И как же это прекрасно!

На протяжении всего существования вашей пространственно-временной реальности, среди великого множества культурных преобразований, в потоке постоянно изменяющихся суждений вы, люди, формируете свои взгляды — и это продолжается из поколения в поколение. Честно говоря, проследить все те мысли, желания, решения и идеи, которые явились конечным результатом этого процесса, попросту невозможно. Но мы очень хотим, чтобы вы поняли: неважно, вследствие чего сформировались ваши взгляды, — это *должно* было произойти. Вы существуете, мыслите, чувствуете; вы просите — и получаете ответ. Все Сущее развивается благодаря тому, что вы живете и мыслите.

Таким образом, важность вашего существования даже не ставится под сомнение (по крайней мере, нами). Мы прекрасно осознаем вашу огромную ценность. Вы нужны этой Вселенной — это также не вызывает сомнений. Мы знаем, что вы полностью заслуживаете право обладать Энергией, способной творить миры, и использовать ее для исполнения всех своих желаний. Вы все обладаете ею, но большинство людей, по многим причинам, продолжают оставаться в стороне от Источника, способного подарить то, о чем вы просите.

Откройте для себя Искусство Принятия собственного Блага

Мы хотим, чтобы вы вспомнили про врожденную способность *впускать* в себя Благо Вселенной и позволили ему свободным потоком наполнять вашу жизнь. Мы называем эту способность *Искусством Принятия (The Art of Allowing). Искусство Принятия* — это привлечение в жизнь собственного Блага, которое заполнит собой каждую частицу вашей Сущности. Оно продолжит свое течение, пока вы существуете. *Искусство Принятия* — это умение не сопротивляться собственному Благу, которого вы так заслуживаете. Благо — это ваша природа, ваше удивительное наследство, ваш Источник и ваша истинная Сущность.

Мы не станем организовывать специальные курсы для подготовки вас к восприятию и пониманию всего написанного здесь. Книга была создана нами для того, чтобы вы учились осознавать собственную значимость — прямо с этой минуты. И вы полностью готовы к восприятию этой информации, так же, как и информация готова быть усвоена вами.

Глава 7

Вы стоите на Передовом Крае Мысли

Нам нравится называть то место, где вы находитесь, *Передовым Краем Мысли*, поскольку вы — в своем физическом теле, физическом окружении и физическом существовании — представляете собой наивысшее проявление того, чем являетесь на самом деле.

Все произошедшее с вами в других измерениях подготовило это кульминационное воплощение в физическом мире. Весь *ваш* прошлый жизненный опыт, начиная с момента рождения в физическом теле и до сегодняшнего дня, привел вас к наивысшему моменту — тому, кем вы являетесь сегодня. *Точно так же все, когда-либо случившееся и пережитое Всем Сущим, явилось подготовкой того, что происходит в физической жизни на планете Земля.*

Каждый из живущих на этой планете имеет свой собственный жизненный опыт, рождающий в нем все новые и новые желания. Происходит своего рода аккумулирование желаний, что ведет к эволюции всей планеты. Таким образом, чем больше вы получаете новых впечатлений и, соответственно, чем больше появляется ваших личных предпочтений и желаний, которые распознаются и излучаются в Космос... тем больше ответов вы получаете на «отправленные» мысли. Итак, вам открывается доступ к мощному потоку Исходной Энергии, откуда *вы* можете получать ответы на личные, индивидуальные желания. Другими словами, по причине огромного количества людей, когда-то живших и живущих на планете, а также благодаря силе, возникшей от соединения всех *их* желаний, формируется Благо *вашего* будущего. И ваши мысли и желания тоже станут создавать энергетический поток, который будет подпитывать грядущие поколения.

Вселенная способна воплотить любую вашу мечту

Если путаница и неразбериха, окружающие вас в этом мире, пробуждают конкретные желания, то у Вселенной есть возможности, позволяющие воплотить все, в чем вы так нуждаетесь. Вы всегда движетесь вперед и можете добиться в жизни очень многого. Те из вас, кто не догадывался о собственных возможностях, могут лишиться дара речи от изумления, когда узнают, какой на самом деле обладают силой. Но это не будет особой новостью для тех, кто давно сумел понять, что Благо является неотъемлемой частью жизни. Поток Блага течет к вам, даже если вы этого не осознаете. Но если вы *осознанно* впустите Благо в свою жизнь, то любые творческие попытки будут гораздо более успешными, поскольку вы обнаружите, что можете достичь всего, что только пожелаете.

Сознательное Творение «работает» независимо от того, понимаете ли вы его механизм

Совсем не обязательно целиком и полностью понимать все многообразие постоянно развивающегося окружающего мира, чтобы извлечь из него пользу для себя. Но совершенно необходимо найти возможность попасть в течение Потока Блага, простирающегося перед вами, и двигаться вместе с ним. Если вы стремитесь этого достичь, то вам следует знать: *в движении находится только сам Поток Блага. Вы можете принимать это или, наоборот, сопротивляться, но он не изменит своего течения.*

Вы не стали бы в ярко освещенной комнате пытаться «включить темноту». То есть вам даже в голову не придет искать кнопку, нажав на которую, вы сможете включить настолько угольно-черный мрак, чтобы он сумел поглотить весь свет в комнате. Вы просто нажмете на самый обычный выключатель, чтобы погасить свет, и тогда в комнате воцарится темнота. Точно так же не существует никакого Источника «зла», все происходит только из-за вашего сопротивления или неверия в Добро. Нет на свете и Источника «страданий» — дело лишь в вашем сопротивлении естественному Благу.

Не спросив, не получишь ответа

Порой, выражая восхищение Эстер, люди благодарят ее за способность воспринимать мудрость Абрахама. Но особенно они признательны ей за то, что она сумела выразить все это в словах — чтобы и другие люди могли добиться успеха в жизни. Но нам следует уточнить, что информация, принятая Эстер и затем переведенная ею на понятный вам язык слов, это всего лишь одна часть задачи. Не будь вопросов, не существовало бы и ответов.

Люди, живущие в вашем времени, «подпитываются» тем огромным опытом, который был собран предыдущими поколениями. С них началось накопление впечатлений и переживаний, желаний и идей, которое продолжается и по сей день. Сегодня именно вы находитесь на передовом Крае Мысли, где можете подключиться к энергии, накопленной желаниями прошлых поколений. Но и *вы тоже* просите, продолжая тем самым процесс накопления желаний для своих потомков... и так будет длиться вечно. Можете ли вы представить себе, какое огромное Благо находится практически у вас в руках, готовы ли пожинать его плоды? Удалось ли вам найти с ним вибрационное соответствие? (И не знаете ли вы случайно, почему у вас не так много собеседников, с которыми можно было бы поговорить на эту тему?)

Многие ныне живущие люди испытывают огромные трудности, переживают боль и отчаяние, и из-за всего этого их просьбы переполнены эмоциями. Именно благодаря огромной интенсивности и насыщенности их запросов, Источник может отвечать им с той же силой. Правда, сам просящий настолько погружен в свои страдания, что уже абсолютно закрыт для получения благоприятного ответа. Но будущие поколения, как, впрочем, и некоторые люди, живущие в ваши дни (если они не противодействуют Источнику), получат немалую пользу от таких просьб.

Мы рассказали вам об этом, чтобы помочь понять: *Источник Блага беспределен, он дает доступ ко всему, чего вы желаете, в любое время. Но вы должны быть открыты ему, вы должны быть готовы при-*

нять то, что он вам предлагает. Вы не можете одновременно отказываться от желаемого и получать его.

Откройте шлюзы и впустите Благо в свою жизнь

Посмотрите на себя такого, какой вы есть в данный момент, и попытайтесь увидеть в себе человека, имеющего постоянный доступ к могущественному Потоку Блага. Постарайтесь представить себе, что вы наслаждаетесь течением этого мощного потока. Сделайте еще одну попытку и почувствуйте себя человеком на передовом Крае Мысли, которому подарен этот бесконечный источник. Улыбнитесь и постарайтесь поверить, что вы достойны такого подарка.

Ваша способность чувствовать себя достойным могущественного Потока Блага напрямую зависит от того, что происходит в жизни в данный момент. При одних условиях вы чувствуете себя баловнем судьбы, при других, наоборот, — жалкой игрушкой в ее руках. Мы бы искренне хотели, чтобы, читая эту книгу, вы поняли: если вы считаете себя счастливчиком, если вам кажется, что вас благословляет само небо, если вы полны радостных ожиданий и с уверенностью смотрите в будущее, то это является показателем принятия Исходной Энергии. Если же у вас подавленное состояние духа и вы не ждете от жизни ничего хорошего — это свидетельствует о том, что вы находитесь в режиме сопротивления. Мы хотим, чтобы, продолжая читать эту книгу, вы нашли возможность избавиться от привычного «вредного» образа мыслей. Только так вы сможете заново получить доступ к Потоку Блага.

Мы хотим, чтобы вы поняли: причина кроется в вашем мысленном сопротивлении. Вы создали его сами, собирая в течение физической жизни все горести и неприятности, находящиеся в вибрационном несоответствии с Потоком Блага. Если бы не это, вы бы сейчас были полностью «подключены» к потоку, поскольку являетесь его буквальным продолжением.

Вы (в первую очередь ваши эмоции) полностью отвечаете за наличие или отсутствие доступа к Потоку Блага. Окружающий мир в той или иной степени влияет на вас, но решение впустить Поток или отгородиться от него принимаете в конечном итоге именно вы. Вы в любой момент можете открыть шлюзы и впустить свое Благо. Или же вы выберете образ мыслей, препятствующий соединению с тем сокровищем, что принадлежит вам по праву. Но вне зависимости от того, принимаете вы свое Благо или противитесь ему, Поток все равно продолжает течь к вам, без конца и края, без устали. Он — всегда к вашим услугам.

Для того чтобы достичь желаемого, ваша нынешняя ситуация — самая лучшая

Для того чтобы вы начали налаживать связь с Потоком Блага, нет нужды менять какие-либо обстоятельства вашей жизни. Может быть, вы сидите в тюрьме, у вас могли обнаружить серьезное заболевание, вы могли потерпеть финансовый крах или оказались в центре бракоразводного процесса. И тем не менее ваше теперешнее положение идеально подходит для того, чтобы начать движение вперед. И на это не понадобится тратить много времени или сил. Все, что вам нужно — просто понять Законы Вселенной и постараться перейти в состояние *принятия*.

Перед поездкой на автомобиле вы собираете информацию обо всем предстоящем пути. Зная, откуда едете и куда должны в результате попасть, вы прекрасно понимаете, что не окажетесь в нужном месте через секунду, как по волшебству. Вам известно, что придется преодолеть определенное расстояние, прежде чем в положенное время вы достигнете намеченной цели. И хотя вы можете волноваться или очень устать во время поездки, вы едва ли решите на полпути развернуться и направиться обратно в исходный пункт. Вам и в голову не придет ездить взад-вперед между началом и серединой пути до тех пор, пока не свалитесь от усталости.

Вы не станете во всеуслышание объявлять о том, что не способны завершить это путешествие. Вы оцените расстояние, которое придется преодолеть для достижения цели — и будете продолжать двигаться в заданном направлении. Зная, чего хочешь, делаешь все, что необходимо. И мы хотим, чтобы вы знали: путешествие от вашей нынешней ситуации до той, в которой вы хотели бы находиться, так же просто понять и «рассчитать», как и самую обычную поездку на автомобиле.

Глава 8

Вы — вибрационный передатчик и получатель

Теперь вы полностью готовы к пониманию главной составляющей управления своей жизнью, созидания ее и наслаждения ею.

Вы — *Вибрационная Сущность*. Причем в гораздо большей степени, чем то физическое, материальное существо, которым вы себя считаете. Когда кто-нибудь общается с вами, он воспринимает вас зрительно при помощи глаз и слышит вашу речь при помощи ушей. Но на самом деле он, как и вся Вселенная, воспринимает вас гораздо более удивительным способом. *Вы — не что иное, как вибрационный передатчик, который посылает сигнал каждое мгновение своего существования.*

Вы постоянно сфокусированы на данном физическом теле. В то время, когда вы бодрствуете, вы непрерывно создаете свои особенные, только вам свойственные сигналы, которые легко распознать и идентифицировать. Каждый такой сигнал будет принят и понят Вселенной, и вы получите на него ответ. В соответствии с сигналом, который вы *только что* послали, в тот же момент начнет изменяться ваша нынешняя и будущая ситуация. Таким образом, каждый посланный вами сигнал оказывает влияние на всю Вселенную.

Вы – вечное существо, сосредоточенное в настоящем

Ваш мир, настоящий и будущий, напрямую зависит от того вибрационного сигнала, который вы посылаете в данную минуту. То существо, которым вы на самом деле являетесь, представляет собой вечную Сущность. При этом вы в своей физической жизни способны с помощью силы своих мыслей привести в действие могущественную Энергию, ту самую, что способна творить миры. Каждую минуту она создает вашу реальность.

Вы обладаете врожденной, «встроенной» в вас и при этом легкой для понимания *руководящей системой*, имеющей индикаторы, которые помогают контролировать силу и протяженность посылаемого сигнала, а также и его направление. Однако гораздо более важно, что эта система помогает понять, насколько выбранные мысли соответствуют Потоку Энергии.

Ваши чувства и эмоции являются «полномочными представителями» данной руководящей системы. Другими словами, то, что вы в данный момент чувствуете, является самым точным показателем соответствия собственному Источнику, а также и соответствия вашим личным намерениям — изначально и постоянно.

Каждое из ваших убеждений начиналось когда-то с мимолетной мысли

Каждая мысль, хоть однажды возникавшая у вас в голове, существует до сих пор. Если вы сфокусируетесь на какой-либо мысли, то тем самым активизируете внутри себя вибрацию ее сущности. Таким образом, та мысль, к которой вы постоянно обращаетесь, является активной. Но если вы вдруг забудете про данную мысль и направите свое внимание на что-либо другое, то она попросту «заснет» и перейдет в разряд скрытых. Единственный способ дезактивировать какую-либо мысль — это заменить ее иной. Проще говоря, если вы хотите осознанно отвести свое внимание от одной мысли, то просто начните думать о другом.

Если вы на что-либо обращаете внимание и начинаете думать об этом, то поначалу вибрация вашей мысли будет не очень активной. Но если вы продолжите мыслить в данном направлении или станете говорить об этом, то вибрация начнет заметно набирать силу. Итак, если вы уделяете достаточно внимания какому-либо объекту, то в скором времени связанная с ним мысль станет доминантной. Чем больше внимания получит от вас эта мысль, чем сильнее вы сфокусируетесь на ней, усиливая, соответственно, ее вибрацию — тем большую часть от общего количества излучаемых вибраций она займет. В этом случае данную мысль можно уже охарактеризовать как *веру* или *убеждение*.

Чем больше вы фокусируетесь на мысли, тем сильнее она становится

Поскольку *Закон Притяжения* следует за развитием ваших мыслей, то невозможно направлять свое внимание на тот или иной объект и при этом не достигнуть с ним вибрационного соответствия. Итак, чем больше вы сосредоточены на мысли, чем чаще возвращаетесь к ней, тем сильнее становится данное вибрационное соответствие.

Когда вы достигнете достаточно сильного соответствия между объектом и мыслью, то начнете испытывать эмоции, наглядно демонстрирующие, увеличивается или, наоборот, уменьшается ваше соединение с собственным Источником. Другими словами, при усилении внимания к какому-либо объекту эмоции будут четко и ясно показывать, находитесь вы в гармонии со своим истинным «я» или нет. Если объект внимания соответствует тому, что знает Источник вашей Сущности, то гармония мыслей и желания проявится в виде хорошего настроения. Но если ваши мысли находятся в противоречии со знанием Источника, вы начнете чувствовать внутренний дискомфорт, и тогда эмоциональный тонус снизится.

Ваше внимание притягивает то, на что оно направлено

Любая мысль, которой достается больше внимания, чем другим, как бы расширяется и начинает занимать большую часть от общего количества вибраций. Вне зависимости от того, думаете ли вы о том, чего хотите, или о том, чего не хотите, — ваше внимание станет притягивать именно то, о чем вы думаете.

Так как вся Вселенная основана на притяжении, исключений из этого правила не существует. Все вокруг только присоединяется друг к другу. Итак, если вы чего-то хотите и сосредотачиваетесь именно на своем желании, говорите ему *«да»*, то таким образом вы присоединяете желаемое к своему жизненному опыту. Но если вы чего-то не хотите и при этом фокусируетесь на своем нежелании, громко крича *«нет»*, к вам все равно притягивается именно то, что для вас нежелательно. Вам не удастся привлекать к себе вещи и события только при помощи слова *«да»* или исключать их из жизни, произнося *«нет»*, поскольку для Вселенной, основой которой является притяжение, исключений не существует. Ваша сосредоточенность на том или ином объекте — это притяжение. Ваше внимание — притяжение.

Итак, представим себе человека, который искренне радуется в хорошие времена, но начинает страдать, когда в его жизни наступает «черная полоса». Поскольку все, на чем он фокусируется, излучает вибрацию, то его внимание присоединяет вибрацию того или иного объекта к общему вибрационному стилю. Как только данное присоединение происходит, Вселенная принимает такую вибрацию за точку притяжения — и сущность вибрации начинает проявляться в жизни. Таким образом, для практического наблюдателя счастье в жизни напрямую зависит от того, насколько удачно (или, наоборот, неудачно) складываются его дела. А мечтатель *всегда* радуется жизни.

Если вы направляете внимание на какой-либо объект, то Закон Притяжения предоставит вам обстоятельства, условия, события, других людей и прочее в точном соответствии с доминантной вибрацией. И когда вокруг начнут появляться вещи, соответствующие вашим мыслям, вы поймете, что развили свои вибрационные привычки и склонности. Таким образом, случайно промелькнувшая в вашей голове, едва уловимая мысль однажды может превратиться в могущественную веру — а подобная вера всегда найдет воплощение в жизни.

Глава 9

Скрытая ценность вашей эмоциональной реакции

Зрительные ощущения отличаются от слуховых, обоняние не похоже на осязание, но, несмотря на все их различие, эти чувства являются вибрационными толкованиями. Если, например, зрение, слух и обоняние далеко не всегда способны предупредить вас, что плита горяча, то как только вы случайно дотронетесь до нее, чувствительные датчики, находящиеся на коже, сразу дадут понять, что делать этого не следовало.

С момента рождения вы снабжены чувствительными, развитыми и сложными «переводчиками» вибраций, которые помогают понимать, распознавать и давать характеристику любому из испытываемых вами ощущений. Вы используете данные вам от природы пять физических чувств для толкования своего физического жизненного опыта. Но при рождении вам были даны еще и эмоции, которые скорее и можно назвать вибрационными переводчиками. Они служат для того, чтобы вы в каждый конкретный момент могли понимать все происходящее. Благодаря эмоциям вы можете узнать, что именно вы испытываете.

Эмоции – индикаторы вашей точки притяжения

Эмоции каждую минуту показывают вибрационное содержание вашей Сущности. Таким образом, узнавая больше о своих чувствах, вы также получаете информацию и о своем вибрационном посыле. И однажды объедините знание *Закона Притяжения* с пониманием возникшего в данную минуту вибрационного посыла. Тогда вы сможете полностью контролировать собственную точку притяжения. Благодаря этому знанию вы способны сделать жизнь именно такой, какой вы хотите.

Ваши эмоции просто, ясно и однозначно показывают отношения с Источником. И так как именно эмоции могут рассказать все, что вы хотели узнать о своей связи с Источником, то мы станем называть их *Эмоциональной Руководящей Системой.*

Если вы приняли решение двигаться вперед в развитии своего физического тела — значит, полностью осознали свою неразрывную связь с Исходной Энергией и поняли, что эмоции могут быть индикаторами, позволяющими каждую минуту узнавать о состоянии этой связи. Итак, осознав силу той руководящей системы, к которой у вас есть постоянный доступ, вы перестанете чувствовать тревогу или замешательство — только счастье и радость. Жизнь превратится для вас в настоящее приключение, от которого просто дух захватывает.

Ваши эмоции — индикаторы соответствия Исходной Энергии

Ваши эмоции показывают степень соответствия Источнику. По правде говоря, вам никогда не удастся добиться настолько сильного несоответствия Источнику, чтобы полностью потерять с ним всякую связь. Но вот выбранный вами образ мыслей (то есть объекты, на которые вы обращаете наиболее пристальное внимание) самым существенным образом влияет на степень соответствия или несоответствия Нефизической энергии, которая является вашей истинной Сущностью. С течением времени вы сможете в любой момент точно определить, какова степень вашего соответствия своему истинному «я». Дело в том, что когда вы имеете полный доступ к Энергии своего Источника, то испытываете счастье и радость, при низкой же степени соответствия — грустите, переживаете, боитесь или страдаете.

Обладая законным правом создавать то, что хотите, вы абсолютно свободны как творец. Зная об этом и фокусируясь на мыслях, которые находятся в вибрационной гармонии с желанием, вы чувствуете абсолютную и безусловную радость. Но если в голове поселились негативные мысли, вы начнете чувствовать себя так, словно попали в рабскую зависимость, ощутите подавленность и бессилие. На самом деле все человеческие эмоции находятся в диапазоне между этими двумя полярностями — радостью и бессилием.

Используйте эмоции для поиска пути к Благу

Когда мысли созвучны с внутренним «я», вы чувствуете гармонию, приносящую свет в физическое тело. Радость, любовь и чувство свободы являются показателями данного соответствия. Но если вдруг в голове поселились мысли, которые не совпадают с вашей истинной природой, физическое тело начинает испытывать дискомфорт. Вы чувствуете себя так, словно связаны по рукам и ногам. Депрессия, страх или тоска являются признаками несовпадения вибраций.

Точно так же, как скульптор лепит свое произведение из глины, вы творите свою жизнь с помощью Энергии. Вы делаете это одной только силой своей мысли — думаете о чем-либо, вспоминаете об этом, время от времени представляете себе желаемое. Вы фокусируете Энергию, когда разговариваете, читаете, пишете или слушаете. Даже просто вспоминая или представляя себе что-нибудь, вы фокусируетесь на объекте с помощью мыслей.

Скульптор, который постоянно совершенствует свое мастерство, с течением времени начинает понимать, что способен творить желаемый образ сразу, без бесконечных переделок. Точно так же и *вы можете научиться использовать Энергию, творящую миры, и создавать свою жизнь одной только направленной силой мысли.* И как скульптор руками *чувствует* путь, которым он может воссоздать свои видения, так и вы будете использовать эмоции, чтобы *чувствовать* путь к Благу.

Глава 10

Три шага к воплощению в жизнь любого вашего желания

Творческий Процесс на самом деле очень прост. Он состоит всего из трех шагов:

Шаг первый (ваша задача): вы просите.
Шаг второй (не ваша задача): запрос принят.
Шаг третий (ваша задача): вы должны принять данный вам ответ (вам нужно впустить его в свою жизнь).

Шаг первый: вы просите

Благодаря великолепию и разнообразию окружающей действительности, в центре которой вы находитесь, **Шаг первый** делается легко, можно сказать, автоматически. Это то, что дано вам природой с самого рождения. Все ваши мысли — как едва уловимые и практически неосознанные, так и сильные, четкие, определенные — это не что иное, как результат влияния всего многообразия повседневной жизни. Желания (или просьбы) — это естественный «побочный продукт» отражения вами фантастических контрастов окружающей действительности. Итак, **Шаг первый** происходит сам собой.

Шаг второй: Вселенная отвечает

Шаг второй также не представляет никакой трудности, поскольку это вообще не ваша работа. **Шаг второй** — это задание, которое должна выполнить Нефизическая Энергия, дело Божественной Силы. Все ваши просьбы, большие или маленькие, простые или сложные, Вселенная немедленно понимает и принимает без всяких исключений. Каждое Сознание имеет право просить и способно сделать это, и все, даже самые незначительные, просьбы принимаются с уважением. На каждую из них сразу же дается ответ. Когда вы просите, вы получаете. Всегда.

Свои «прошения» вы иногда облекаете в слова, но гораздо чаще они посылаются в виде постоянного вибрационного потока желаний, следующих одно за другим. И к любому из них во Вселенной относятся бережно и уважительно, на каждое дается немедленный ответ.

На каждый вопрос вы получаете ответ. Каждое желание воплощается. Каждую молитву — слышат. Каждая просьба выполняется. Многие начнут спорить с нами, приводя в качестве аргументов неисчислимое количество желаний, которые так и не исполнились. Причина на самом деле очень проста: эти люди до сих пор не поняли, что наиболее важным в процессе является **третий Шаг**. Без этого **третьего Шага** оба предыдущих, и первый и второй, будут совершенно бессмысленными и не приведут ни к какому результату.

Шаг третий: вы принимаете

Шаг третий — это практическое применение *Искусства Принятия*. Это главная причина существования вашей руководящей системы. Это шаг, при котором вы настраиваете вибрационную частоту вашей Сущности в соответствии с вибрационной частотой желания. Точно так же, как радиоприемник должен быть настроен на нужную волну, вибрационная частота вашей Сущности должна совпадать с вибрационной частотой желания. И мы называем это *Искусством Принятия*, то есть умением впускать в свою жизнь то, о чем просишь. Если вы не находитесь в режиме приема, то вам может показаться, что все ваши просьбы игнорируются — даже если на них уже давно был дан ответ. Вы будете считать, что ждете и надеетесь понапрасну, потому что ваши молитвы никто не слышит. Но на самом деле все это происходит не потому, что просьбы не достигли цели, а потому, что вибрации не были приведены в соответствие с тем, чего вы хотите, — вот почему вы не впустили желаемое в свою жизнь.

Каждый объект состоит из двух: желания и нежелания

Каждый объект внимания на самом деле представляет собой скорее сразу два объекта: собственно желание и его противоположность. *Даже если вы искренне считаете, что думаете о своем желании, в действительности вы часто в тот же самый момент думаете и о его полной противоположности.* Проще говоря, вы думаете: «Я хочу быть здоровым, я совсем не хочу болеть. Я хочу быть уверенным в своем финансовом положении, я не хочу терять деньги.

Я мечтаю создать крепкую, любящую семью, я не хочу оставаться один».

То, о чем вы думаете и то, что в конце концов получаете, всегда находится в точном вибрационном соответствии, поэтому неплохо было бы осознать взаимозависимость между своими мыслями и событиями, происходящими в жизни. Но еще лучше, если вы сумеете определить, куда направляетесь, прежде чем попадете туда. Вы должны понять ценность своих эмоций и осознать важность тех сведений, которые они вам сообщают. Тогда уже не нужно будет ждать, пока то или иное событие произойдет в жизни. Благодаря эмоциям вы узнаете, какая именно вибрация была вами послана — и поэтому заранее сможете понять, к чему идете.

Направляйте внимание на желаемое, а не на его отсутствие

Процесс созидания происходит постоянно, вне зависимости от того, осознаете вы это или нет. Благодаря многообразию окружающего мира в вас постоянно возникают все новые и новые стремления и желания. Поэтому вы постоянно посылаете их в виде вибрационных запросов, даже если совершенно не догадываетесь об этом. В тот же самый момент, как вы «отослали» свое желание, Исходная Энергия получила данный вибрационный запрос и, согласно *Закону Притяжения*, немедленно дала на него ответ. Вам же осталось только принять его вибрационно.

Причиной вашего неверия в то, что на все ваши запросы обязательно дается ответ, является время, которое (как это бывает очень часто) отделяет вашу просьбу (**Шаг первый**) от принятия (**Шаг третий**).

Ваше желание может быть выражено в четкой и ясной форме, но чаще всего оно есть результат окружающих вас контрастов. Именно поэтому, вместо того чтобы думать о самом желании, вы зачастую фокусируетесь на ситуации, его породившей. Таким образом, получается, что ваши вибрации направлены скорее не на желание, а на причины, по которым оно возникло.

Приведем пример: вашему автомобилю уже много лет, и он все чаще и чаще требует ремонта... да и выглядит, прямо скажем, далеко не лучшим образом. Совершенно естественно, что вы начинаете мечтать о новой машине. И если желание очень сильное, если вы уверены, что машина непременно у вас появится, то вибрационные «ракеты» этого желания направятся к Источнику, который получит их и немедленно ответит в полном соответствии с тем, чего вы хотите.

Но все дело в том, что вы не всегда осознаете силу Законов Вселенной и *Трех шагов Процесса Созидания*. Поэтому ваши чистые и сильные эмоции живут совсем недолго. Итак, по идее, вы должны были бы направить свое внимание на возникшее в вас новое желание и «работать» над мыслью о хорошей машине (достигая таким образом вибрационной гармонии с желанием). Вместо этого вы оборачиваетесь и смотрите на свой старый автомобиль, начиная вспоминать все те причины, по которым вам захотелось купить другой. «Меня больше не устраивает эта машина!» — заявляете вы и даже не догадываетесь о том, что, глядя на неугодный вам предмет, вы направляете вибрацию именно *на него*, а не на то, что вам в действительности хотелось бы иметь. «Мне обязательно нужна новая машина», — утверждаете вы, а сами в это время созерцаете вмятины, царапины и прочие дефекты своего старого автомобиля.

Каждый раз, подтверждая свое желание иметь новую машину, вы, тем не менее, все время невольно возвращаетесь к сегодняшней, неприятной для вас ситуации. Делая это, вы не только не достигаете вибрационной гармонии со своим желанием, но еще и отодвигаете его реализацию на неопределенный срок.

До тех пор, пока в сложившейся ситуации вы больше думаете о том, чего ***не хотите****, вы не сможете получить то, чего* ***действительно хотите****.* Иначе говоря, если вы станете думать только о прекрасной новой машине, то вам обязательно представится возможность ее получить. Но если вы предпочтете сокрушаться по поводу той «консервной банки», которая сейчас находится в вашем распоряжении, то не стоит ждать, что к вам «приедет» желанный новый автомобиль.

Поначалу вам может показаться, что трудно провести четкое разграничение между настоящими мечтами о новой машине и назойливыми мыслями о старой. Но однажды вы найдете доступ к собственной *Эмоциональной Руководящей Системе*, и тогда вам не составит труда четко «отделять зерна от плевел».

Теперь у вас в руках ключ к исполнению всех желаний

Однажды осознав, что мысли тождественны точке притяжения, а чувства являются показателями уровня *принятия* или *сопротивления*, вы получите в свои руки ключ к реализации всех своих желаний.

Нельзя все время испытывать положительные эмоции и в результате получить все «с точностью до наоборот». Точно так же невозможно постоянно испытывать негативные эмоции, а в конце получить хороший результат. Дело в том, что чувства являются самым точным показателем соответствия или противодействия естественному Благу.

Несмотря на то, что на самом деле не существует никакого источника болезни, вы способны излучать мысли, препятствующие естественному состоянию здоровья. Точно так же вы, в силу выбранного образа мыслей, можете закрыть доступ к собственному материальному благополучию, хотя на свете нет никакого источника бедности.

Благо постоянно доступно вам, но если вы не научитесь распознавать мысли, заставляющие вас тормозить или сворачивать с пути, ведущего к нему, это непременно отразится во всех сферах жизни.

Не имеет ни малейшего значения, насколько далеки вы в данный момент от исполнения желания. Если вы будете обращать внимание на свои *эмоции* и начнете мыслить позитивно, то сможете снова достигнуть вибрационной гармонии с Благом, что является наиболее естественным для вас состоянием.

Помните: вы — продолжение чистой, положительной Нефизической Энергии, и поэтому чем лучше вы себя чувствуете, тем в большей вибрационной гармонии находитесь со своим истинным «я». К примеру, если вы испытываете чувство благодарности за что-либо, то находитесь в вибрационном соответствии с собой. Если вы любите кого-то, если вы любите самого себя, то также находитесь в вибрационном соответствии со своим истинным «я». Но если отношения с самим собой и окружающими у вас «не клеятся», то вы посылаете вибрацию, не совпадающую со своей истинной природой. Негативные эмоции, которые вы в этот момент испытываете, должны прозвучать для вас как сигнал тревоги, предупреждающий о том, что вы вошли в режим сопротивления и *потеряли* связь между физическим и Нефизическим «я».

Мы часто говорим, что Нефизическое «я» — это ваша *Внутренняя Сущность* или ваш *Источник*. Не имеет значения, как вы называете его — Источником *Энергии* или *Жизненной Силой*, но очень важно сознательно контролировать свою связь с ним и чувствовать, когда вы каким-либо образом препятствуете соединению. И именно эмоции будут постоянными индикаторами уровня доступа или противодействия этому вечному Источнику.

Глава 11

Становитесь радостным Сознательным Творцом

Если вы сознательно уделяете внимание своим чувствам, то все больше и больше приближаетесь к Исходной Энергии и таким образом превращаетесь в *сознательного творца* своей жизни. Постоянная практика сделает вас способным целенаправленно контролировать Исходную Энергию. Вы, словно скульптор, сможете испытать невыразимый восторг, подчинив себе силу, способную творить миры. С ее помощью вы сумеете воплощать самые смелые творческие замыслы.

При фокусировании на Созидательной Энергии следует обратить внимание на два следующих фактора: первый — интенсивность и скорость самой Энергии; второй — ваш уровень доступа или противодействия ей. Первый фактор зависит от того, как долго вы думаете о своем желании и насколько оно конкретно. Другими словами, если вы чего-то хотите уже достаточно продолжительное время, то общая сила такого желания будет гораздо больше, чем у желания, которое сегодня впервые у вас возникло. Итак, когда бы вы ни обращались мыслями к своему желанию (пусть даже всего на несколько мгновений), оно с каждым разом становится все более и более конкретным и за счет этого набирает силу. Когда желание достигнет определенной силы и скорости, вам будет проще *почувствовать*, как следует обращаться со вторым фактором: той частью уравнения, которая зовется *принятием* или *противодействием* Исходной Энергии.

Когда вы думаете о том, чего хотите, уже очень долго и, оглядываясь вокруг, понимаете, что на данный момент ничего не получили, в душе начинает подниматься волна сильных негативных эмоций. Мысли сразу же наполняются невероятно мощной энергией, которая находится в вибрационном противодействии вашему истинному «я». Однако если вы подумаете о своем давнем желании и представите себе, что оно уже исполнилось, то ваше настроение сразу же исправится и вы почувствуете готовность двигаться дальше с неукротимым рвением.

Таким образом, именно благодаря тому, что вы чувствуете в каждый конкретный момент, можно понять, соответствуют ваши мысли желанию или же вы сфокусированы на отсутствии результата. Также станет понятным, принимаете вы свое желание или противодействуете ему, то есть помогаете или препятствуете ему воплотиться в жизни.

Это не контроль над мыслями, а управление мыслями

В вашем обществе, столь развитом технически, вы можете немедленно получить информацию практически обо всем, что происходит на планете, и вас буквально бомбардируют мыслями и идеями. Из-за этого порой начинает казаться, что в вашу жизнь насильственным образом вторгается нечто чужеродное. Именно поэтому, когда столько чужих идей постоянно проникает в сознание, ваше стремление полностью взять под контроль собственные мысли представляется порой совершенно невыполнимым. Наоборот, вам кажется абсолютно естественным обращать внимание на то, что происходит у вас перед глазами.

Мы не собираемся вдохновлять вас на то, чтобы вы всеми силами пытались контролировать свои мысли. Напротив, нам бы хотелось, чтобы вы, в большей или меньшей степени, научились ими *управлять*. Речь идет даже не столько об управлении мыслями, сколько об умении достигнуть нужного *состояния духа*, поскольку именно *это* является самым простым способом обретения вибрационной гармонии с собственными желаниями.

Закон Притяжения действует словно магнит, собирая и организуя ваши мысли. Если вы поймете это и будете действовать осознанно, то чрезвычайно поможете себе в процессе управления собственными мыслями.

Помните: как только вы направили свое внимание на какую-либо мысль, она тут же активизируется внутри вас, а *Закон Притяжения* немедленно принимает ее и дает свой ответ. Это означает, что все другие мысли, находящиеся в вибрационной гармонии с той, которая только что была активизирована, дополняют ее, делают более конкретной, более сильной и притягательной. Если вы продолжаете фокусироваться на этой мысли, если она начинает развиваться, то вы получаете в результате еще более мощную вибрацию, которая впоследствии соединится с себе подобными... и так далее. Данный процесс может продолжаться до бесконечности.

Когда практикуемая вами мысль становится доминирующей

Ваша последовательная фокусировка внимания на каком-либо объекте служит причиной постоянной вибрационной активности внутри вас. В этом случае данная мысль становится практикуемой, или доминантной. Когда нечто подобное происходит, то *вещи*, соответствующие доминантной мысли, начинают постепенно притягиваться в вашу жизнь. Точно так же как раньше первоначальная мысль дополнялась другими, соответствующими ей *мыслями*, так и теперь общее положение дел начинает соответствовать доминантной вибрации, что непременно проявляется в жизни. Об этом соответствии свидетельствуют события, статьи в газетах и журналах, разговоры с друзьями, ваши собственные наблюдения... Процесс притяжения становится все более и более заметным. *Как только сфокусированное вами внимание в достаточной степени активирует внутри вас доминантную вибрацию, то сразу же соответствующие обстоятельства — желанные или нежелательные — начинают постепенно складываться вокруг вас. Таков Закон.*

Как стать Сознательным Творцом

Помните: прежде чем вы начнете получать пользу от внимания, направляемого на эмоции, вам, в первую очередь, необходимо понять, что Благо — это единственный Поток, который движется. Вы можете принимать его или не принимать — это ваш выбор. Но если вы имеете к нему доступ, то жизнь складывается счастливо; если же вы отвергаете его, то страдаете. Другими словами, есть только поток благополучия, который вы можете либо принимать, либо нет, а эмоции лишь помогают понять, какое из этих состояний вы выбираете.

Подразумевается, что вы должны радоваться жизни и чувствовать себя хорошо. Вы любимы, и Благо постоянно доступно вам, поэтому, если вы принимаете его, оно проявляется во всех без исключения сферах жизни.

На что бы вы ни направили внимание, в вас сразу же начинает пульсировать энергетическая вибрация. И если вы сохраните направление внимания, ваши вибрации начнут соответствовать вибрациям объекта. Каждый раз, фокусируясь на чем-либо, вы посылаете вибрацию, и чем чаще вы делаете это, тем легче вам дается весь процесс. Наконец, с течением времени, вы вырабатываете в себе своего рода вибрационную привычку. Это такая же практика, как и при любом другом занятии: с каждым разом у вас получается все лучше и лучше. Если вы продолжите фокусироваться на одной и той же мысли и, значит, постоянно будете посылать соответствующую вибрацию, то она разовьется в форму, которую вы называете *убеждением.*

Убеждение — это просто привычная, устоявшаяся вибрация. Другими словами, вы привыкаете возвращаться к одной и той же мысли, и каждый раз, когда вы направляете на нее свое внимание, *Закону Притяжения* становится все легче и легче воспринимать вибрацию данного убеждения. Итак, со временем *Закон Притяжения* начинает принимать это убеждение за точку притяжения и предоставляет в ваше распоряжение все, что соответствует данной вибрации. Когда весь жизненный опыт начинает подтверждать мысли, которым вы отдаете предпочтение, вы делаете вывод: «Да, это правда». Мы не спорим, это можно называть и «правдой», но мы бы предпочли назвать это привлечением и сотворением.

То, на что вы направляете внимание, становится вашей «правдой». Закон Притяжения говорит, что так и должно быть. Ваша жизнь, как, впрочем, и жизнь любого другого человека, есть не что иное, как отражение доминирующих мыслей. Для этого правила не существует исключений.

Вы решили управлять своими мыслями?

Чтобы превратиться в *сознательного творца* собственной жизни, вы должны стать одним из тех, кто решил управлять своими мыслями. Только при этом условии вы сможете повлиять на собственную точку притяжения.

Невозможно сохранить прежние мысли, взгляды и убеждения и при этом изменить точку притяжения. У вас на это не больше шансов, чем (как мы уже упоминали раньше) поймать волну 101FM на частоте 98.6FM. Ваши вибрационные частоты обязательно должны совпадать.

Любая испытываемая вами эмоция показывает, имеете вы доступ к Энергии Источника или нет. Эмоции являются индикаторами вибрационных колебаний между физической и внутренней Сущностью. Если вы будете обращать внимание на свои чувства и постараетесь сосредоточиться на позитивных, радостных мыслях, то станете использовать собственную *Эмоциональную Руководящую Систему* именно так, как вы и намеревались это делать, когда приняли решение воплотиться в этом физическом теле.

Эмоциональная Руководящая Система — это ключ к пониманию собственного вибрационного содержания, кроме того, с ее помощью вы всегда можете понять, какова на данный момент ваша точка притяжения. *Выявить различие между собственно мыслями о своем желании и мыслями об его отсутствии порой бывает довольно затруднительно. Но почувствовать разницу между эмоциями, возникающими в ответ на мысли о желании, и эмоциями, которые вы испытываете при мысли о том, что оно никак не может исполниться, — совсем не трудная задача. Все дело в том, что когда мысли сосредоточены именно на самом желании (и вибрационный посыл полностью отражает данное состояние), то вы чувствуете себя прекрасно, вы полны радости и счастья. Но стоит вам подумать о том, что вы до сих пор не получили желаемого, как настроение резко портится. Ваши эмоции — это самый лучший показатель того, какие именно вибрации вы излучаете. Эмоции всегда точно сообщат, какова на данный момент ваша точка притяжения. Таким образом, обращая внимание на свои эмоции и* ***специально*** *выбирая мысли, оказывающие позитивное влияние на то, что вы чувствуете, вы сумеете* ***сознательно*** *привести себя к вибрационной частоте, которая позволит воплотить в жизнь любые желания.*

Признаете ли вы себя Вибрационной Сущностью?

Большинству наших физических друзей несколько непривычно рассматривать собственные жизни с применением вибрационных терминов. И, конечно, не так легко думать о себе как о приемнике и передатчике в одном лице. Но ведь вы на самом деле живете в *Вибрационной Вселенной* и в гораздо большей степени являетесь *Энергией, Вибрацией* и *Электричеством,* чем даже можете себе представить. *Однажды вы признаете свою новую направленность и станете воспринимать себя как Вибрационную Сущность, притягивающую к себе все то, что с ней происходит. Именно тогда вы начнете удивительное путешествие в Сознательное Творение. Когда-нибудь вы научитесь понимать зависимость между мыслями и чувствами и тем, что вы в результате получаете. Тогда в ваших руках окажутся все ключи, необходимые для путешествия от вас сегодняшнего (такого, какой вы есть) до вас такого, каким бы вы хотели быть.*

Глава 12

Вы сами можете управлять своими Эмоциональными Установками

Большинство людей не верят в возможность управления своими убеждениями и верованиями. Они наблюдают за тем, что происходит вокруг, и делают на основании этого определенные выводы, но обычно чувствуют, что не могут контролировать убеждения, которые формируются внутри них. Потом они проводят всю свою жизнь, сортируя вещи и события по таким категориям, как «плохие» и «хорошие», «желательные» и «нежелательные», «правильные» и «ошибочные». Но редко бывает, что они осознают свою способность управлять тем, как эти события воздействуют на них.

Невозможно управлять ситуациями, которые были созданы другими

Одобряя или отрицая какие-либо ситуации, созданные другими людьми, вы берете на себя невыполнимую миссию управления обстоятельствами и ситуациями. С помощью собственных сил и упорства, поодиночке или собираясь в группы (чтобы добиться ощущения больших возможностей), вы предпринимаете попытки сохранить собственное благополучие, стараясь подчинить себе обстоятельства, которые, по вашему мнению, могут каким-либо образом ему угрожать. Но все дело в том, что в нашей Вселенной, в основе которой лежит притяжение, не существует такой вещи, как отторжение. Поэтому, чем больше сил вы тратите на борьбу с отрицательными моментами, тем большей вибрационной гармонии с ними достигаете. Делая это, вы просто «приглашаете» подобный нежелательный опыт в свою жизнь. И чем больше накапливается такого негативного опыта, тем более крепнут ваши убеждения, которые как бы проходят проверку на прочность. Вы лишний раз убеждаетесь, как были правы, считая, что все вокруг плохо. Другими словами, чем больше вы защищаете собственные убеждения, тем больше *Закон Притяжения* помогает вам жить в соответствии с ними.

Чья же правда истинная?

Если достаточно долго фокусировать внимание на какой-либо мысли, то ее вибрационная сущность, в конечном итоге, найдет свое проявление в физическом мире. И когда окружающие заметят эти проявления, их внимание к данному объекту еще более усилит его вибрации. В этом случае с течением времени подобное явление вне зависимости от того, является оно желательным или нежеланным, назовут «правдой».

Мы хотим, чтобы вы помнили: вы обладаете абсолютным правом выбора «правды», которую создаете своей жизнью. Как только вы увидите, что единственная причина того или иного события в жизни человека — это его собственные мысли и эмоции, то заодно поймете, что так называемая «правда» существует только потому, что кто-то когда-то уделил ей достаточно внимания. Поэтому, если вы говорите: «Мне следует обратить внимание на то-то и то-то, потому что это правда», то знайте, что ваше высказывание равносильно тому, как если бы вы сказали: «Люди обращают внимание на то, чего они не хотят, и из-за этого нежелательные события происходят в *их* жизни. И так как *они* притягивают нечто нежелательное в *свою* жизнь, то и я должен поступать точно так же».

На свете существует так много замечательных вещей, которые можно сделать своей Правдой, так зачем же нужно выбирать то, что вам неприятно? *Сознательное Творение* предназначено именно для того, чтобы вы могли сотворить свою и только свою Правду.

Ваша точка притяжения подвержена влияниям

Недавно активированная вами мысль, как правило, еще недостаточно сфокусирована. Поэтому и первоначальные вибрации еще очень слабые и не обладают достаточной притягательной силой. Таким образом, на этой ранней стадии вы, возможно, не увидите явного результата. Но даже при полном отсутствии каких-либо внешних изменений уже происходит привлечение других мыслей, находящихся в вибрационном соответствии с основной. Иначе говоря, доминантная мысль становится сильнее, ее напряжение усиливается, а остальные, сходные, мысли как бы подпитывают ее. И, в то время как ваша мысль крепчает, вы начинаете получать информацию об этом от своих эмоций. Вы можете выяснить, как развивается эта мысль-вибрация и насколько она соответствует Энергии вашего Источника. Если данная вибрация совпадает с вашим истинным «я» — хорошее настроение известит вас об этом. Если же она *не* соответствует Источнику, то дурное состояние духа станет для вас сигналом тревоги.

Приведем пример. Когда вы были совсем маленьким, ваша бабушка, наверное, говорила: «Ты у меня такой чудесный ребенок. Я так тебя люблю. Тебя ждет долгая и счастливая жизнь. Ты очень талантливый, и весь мир открыт для тебя». Это были хорошие и правильные слова, поскольку они находились в вибрационном соответствии с вашей глубинной внутренней сущностью. Но вот если кто-нибудь вам заявлял: «Ты плохой! Тебе должно быть стыдно! Ты меня разочаровал. Ты — ничтожество, и ни на что не годишься!» — то такие слова переживались очень тяжело, поскольку служили причиной вибрационного несоответствия с вашей истинной природой и тем, что вы знаете о себе.

Чувства наиболее точно и определенно указывают на соответствие или несоответствие Исходной Энергии. Другими словами, эмоции всегда позволят узнать, находитесь вы в состоянии *принятия* или отторжения своей связи с Источником.

Настроение — индикатор вашей Эмоциональной Установки

Если вы продолжаете фокусироваться на какой-либо мысли, то очень скоро вам станет гораздо легче это делать, поскольку *Закон Притяжения* привлечет другие мысли, сходные с основной. Таким образом, если говорить в этом случае об эмоциях, то вы развиваете в себе определенное настроение, или состояние духа. Если же говорить о вибрациях, то вы обретаете вибрационную привычку, или — как это можно еще назвать — *установку.*

Настроение наглядно демонстрирует, что именно вы привлекаете в свою жизнь. Настроение и основные мысли всегда предоставляют самую точную информацию о том, каковы ваши доминантные вибрации. Иными словами, всякий раз, когда что-либо активируется в вас благодаря воздействию окружающей обстановки, это немедленно отражается на *вибрационной установке.*

Приведем пример: предположим, когда вы были ребенком, ваши родители испытывали серьезные финансовые затруднения. Нехватка денег и невозможность купить желаемые вещи наверняка часто обсуждались в вашем доме под аккомпанемент таких эмоций, как страх, неуверенность и беспокойство. В ответ на просьбу купить что-нибудь вы часто слышали такие слова: «Деньги не растут на деревьях», «Мало ли чего ты хочешь» и наконец «Ты, как и все остальные члены нашей семьи, должен научиться обходиться без этого. Просто потому, что так надо...» Именно из-за всех этих долгих лет, в течение которых вам внушались мысли о «бедности», ваша *Эмоциональная Установка* (по крайней мере, по вопросам денег) дошла до крайне низкого уровня. Вы уже и не верите в возможность финансового успеха. Таким образом, стоит вам только подумать о деньгах и о богатстве, как настроение немедленно скатывается до «нулевой отметки» и вы испытываете разочарование, беспокойство или гнев.

Еще один пример: представьте, что мама вашего друга погибла в автомобильной катастрофе, когда вы были ребенком. В этом случае воспоминания об этой ужасной трагедии заставят вас постоянно беспокоиться о благополучии своих родителей. Куда бы они ни отправились на автомобиле, вы места себе не находите от страха до тех пор, пока они не вернутся. И мало-помалу в вас укрепляется и развивается привычка беспокоиться о тех, кого вы любите. Ваша *Эмоциональная Установка* имеет в своей основе чувство опасности и беспокойства.

Или, возможно, ваша бабушка неожиданно умерла от сердечного приступа, когда вы были подростком. И в течение многих лет, прошедших с момента ее смерти, вы слышали, как мать периодически выражала свое беспокойство по поводу высокой вероятности того, что подобная участь постигнет еще кого-либо из членов семьи (включая и вас!). Едва ли не каждый раз, как только заходил разговор о покойной бабушке, тут же всплывала тема ее сердечного приступа и безвременного ухода и беседа принимала тяжелую, пугающую эмоциональную окраску. Таким образом, несмотря на то, что *вы* были полны сил и энергии, *ваше* тело было крепким, а здоровье — отменным, под внешней оболочкой скрывались мысли о собственной физической уязвимости. Это и привело к тому, что с течением времени вы дали себе *Эмоциональную Установку* на физическую слабость и болезненность.

Эмоциональные Установки можно изменить

Ваши Эмоциональные Установки могут кардинально измениться: хорошее настроение и чувство уверенности могут обернуться ощущением страха и растерянности. Но точно так же их можно изменить и в противоположном направлении — от чувства подавленности к хорошему настроению. Вы без труда можете улучшить вибрационную установку, просто направляя внимание на тот или иной объект, который вызывает в вас положительные эмоции.

Как бы то ни было, большинство людей вместо того, чтобы сознательно выбирать мысли, позволяют им притягиваться ко всему, что происходит поблизости. Предположим, вы наблюдаете за каким-то событием, и в вас рождается эмоциональный ответ на него. А поскольку люди обычно ощущают невозможность управлять происходящим, то вы можете сделать вывод, что не способны управлять и собственными эмоциями, явившимися откликом на это событие.

Мы хотим, чтобы вы знали: вы способны целиком и полностью контролировать собственные эмоциональные установки. И мы хотим, чтобы вы понимали чрезвычайную важность осторожного и вдумчивого подхода к этим установкам. Помните, если вы чего-то ждете — это обязательно случится. Детали могут быть различными — но вибрационные сущности мысли и ее воплощения всегда будут находиться в точном соответствии друг с другом.

Глава 13

Руководствуйтесь своими чувствами

Мы хотим обратить ваше внимание на еще одну важную предпосылку. Необходимо помнить, что вы представляете собой физическое продолжение Исходной Энергии, вечный и неиссякаемый поток которой течет к вам и сквозь вас. Он — это и есть вы. Этот Поток существовал до того, как физическая Сущность, которая есть вы, появилась на свет. Он продолжит свое течение и после того, как физическая Сущность, являющаяся вами, испытает то, что у вас, людей, зовется «смертью».

Каждое живое существо, будь то животное, человек или растение, рано или поздно придет к тому, что называется смертью. Это правило без исключений. Дух, который является вашей истинной Сущностью, — вечен. Что же такое должна быть тогда смерть, как не изменение состояния вечного Духа? Если вы находитесь в своем физическом теле и осознанно подсоединяетесь к этому Духу, тогда вы по природе своей вечны. Вам нет смысла бояться какого-то «конца», поскольку, исходя из данных предпосылок, его попросту не существует. (Вы никогда не прекратите свое существование, поскольку вы представляете собой вечное Сознание.)

Эмоции смогут подсказать вам, какой объем Исходной Энергии вы получаете в данный момент по отношению к испытываемым вами в этот же момент желаниям. Они также укажут на то, какие именно мысли у вас преобладают — те, которые соответствуют объекту желания, или те, что направлены на его отсутствие. Например, увлеченность и энтузиазм будут свидетельствовать о том, что в данную минуту вы сфокусированы на желании. Гнев, неистовство, вспышка ярости тоже являются доказательствами того, что ваше желание обладает большой силой. А вот чувство скуки или уныния предупреждает вас о том, что в данный момент вы слишком мало сосредоточены на желании.

Если вы действительно чего-то очень, *очень* хотите и, думая о желании, получаете удовольствие от своих мыслей, это означает, что ваши вибрации находятся в соответствии с желанием. В этот момент поток энергии из Источника проходит сквозь вас по направлению к задуманному, не встречая на своем пути никаких препятствий. Мы называем это состояние *принятие*. Но если вы чего-то страстно желаете и при этом испытываете страх, гнев или разочарование, значит, вы фокусируетесь на противоположности желанию. Делая так, вы к тому же дополняете противодействующую вибрацию другими, подобными ей. Сила негативных эмоций, которые вы испытываете в данный момент, показывает степень вашего противодействия исполнению собственного желания.

Учитесь обращать внимание на собственные чувства

Когда вы испытываете сильные эмоции — неважно, положительные или отрицательные — ваше желание тоже сильное.

Если вы испытываете положительные эмоции — вне зависимости от того, сильные они или слабые — вы открыты для исполнения своего желания.

Если вы испытываете отрицательные эмоции — также не имеет значения, сильные они или слабые — вы находитесь в режиме противодействия исполнению своего желания.

Эмоции — это *абсолютные* индикаторы вашего вибрационного содержания. Следовательно, они являются точным отражением вашей точки притяжения. Именно с их помощью всегда можно узнать, открыты ли вы исполнению своего желания.

Считаете ли вы, что не способны изменять свои чувства, или же полагаете, что можете и должны ими управлять — в любом случае мы бы хотели предложить вам другой подход. Просто замечайте, что вы чувствуете, и примите ваши эмоции как великолепный индикатор своего состояния.

Чувство внутренней пустоты говорит вам о чем-то важном

Если уровень бензина в вашем топливном баке почти на нуле, вы не станете обижаться на приборы, указывающие на это. Вы просто примете к сведению предоставленную информацию и начнете искать возможность залить в бак новое топливо. Так вот, негативные эмоции тоже являются индикатором, показывающим, что выбранные вами мысли посылают вибрацию, которая не находится в гармонии с Исходной Энергией. Из-за этого вы закрываете себе доступ к Потоку Энергии. (Можно сказать, что ваш бензобак практически пуст.)

Эмоции сами ничего не создают, но они наглядно демонстрируют, какой именно опыт вы к себе притягиваете. Если эмоции предупреждают, что выбранные вами мысли никак не смогут привести вас к исполнению желания, то это является для вас руководством к действию. *Вы должны восстановить вашу связь с Источником, выбрав для этого более позитивные мысли.*

«Стремиться к счастью» — позитивная мысль, не так ли?

Как мы говорили ранее, уже до нас было написано много книг о силе позитивного мышления. Мы, разумеется, были и будем горячими сторонниками данной теории. С нашей точки зрения, не может быть лучшего руководства к действию (из тех, которое мы хотели бы предложить своим физическим друзьям), чем слова: «Стремитесь к счастью». Если вы постоянно тянетесь к счастью, ваше Благо является несомненным. Но если вас засосала пучина неудач, если обстоятельства, складывающиеся вокруг вас, заставляют посылать вибрацию, которая далека от ощущения счастья, тогда вы не сможете сразу достигнуть его. Не рассчитывайте, что *Закон Притяжения* позволит вам совершать подобные вибрационные скачки. Ведь вы не сможете услышать любимую песню, если не настроите радиоприемник на нужную волну.

Вы способны направлять свои мысли

Вы обладаете способностью выбирать направление собственных мыслей. У вас всегда есть право выбора — воспринимать вещи такими, какие они есть, или представлять, какими бы вы хотели их видеть. Какое бы решение вы ни приняли — наблюдать или представлять, — оба этих процесса обладают одинаковой силой. Вы можете помнить события именно такими, какими они были, а можете вообразить нечто, более приятное для вас. Если хотите, запоминайте негативные моменты своей жизни — вам никто этого не запрещает. Но не лучше ли было бы выбирать воспоминания, которые вас радуют и греют душу? У вас всегда есть альтернатива — предчувствовать что-либо плохое или ждать хорошего. В любом случае мысли рождают в вас вибрацию, тождественную точке притяжения, а события, которые затем происходят в жизни, всегда находятся в точном соответствии с предложенной вами вибрацией.

Вы способны направлять свое внимание туда, куда захотите. На самом деле не так уж сложно отвлечься от неприятных объектов и обратить внимание на то, чего вам действительно хочется. В данном случае есть только одно «но»: если первоначальную вибрацию вы посылаете уже довольно долгое время, то она успела стать для вас привычной. Поэтому вы все время будете упорно возвращаться именно к ней — как бы вам ни хотелось это изменить.

Совсем не сложно изменить характер вибрации, особенно если вы понимаете, что на это понадобится некоторое количество времени. Вам будет достаточно только усвоить основные принципы, по которым действует вибрация и осознать ее огромное влияние на вашу жизнь. А теперь о самом главном — научившись понимать язык собственных эмоций, вы добьетесь быстрого и непрерывного прогресса в достижении своих желаний.

Если бы мы могли поставить себя на ваше место

В ваши обязанности не входит заниматься тем, чтобы произошло какое-либо событие — это работа Космических Сил. Ваша задача состоит в том, чтобы определиться со своими желаниями. Список ваших предпочтений никогда не придет к концу, а жизненный опыт поможет выбрать как на сознательном, так и на бессознательном уровне то, что нравится вам больше всего. Вы должны решить, как будет развиваться ваша жизнь — и на каждый из предложенных (неважно, осознанных или нет) запросов Источник обязательно даст ответ.

Вполне возможно, у вас уже был в жизни опыт, позволивший понять (пусть даже в несколько преувеличенном виде), чего вы не хотите. Благодаря этому вы так же четко теперь осознаете, чего *действительно* хотите. Но если вы испытываете болезненный страх перед нежелательными событиями, то никогда не будете допущены к желаемому. Если у вас есть мечта, но вы при этом уверены, что ее исполнение невозможно — вы потеряли связь с Энергией. Если вы постоянно страдаете от отсутствия желаемого — вы не имеете доступа к Жизненной Силе. Если вы узнаете, что кто-то другой получил то, о чем вы давно мечтали, и почувствуете зависть — вы не подключены к Источнику.

Если бы мы оказались на вашем месте в физическом мире, наше внимание было бы направлено только на то, чтобы достичь соответствия со своими желаниями и предпочтениями — для движения именно в этом направлении мы бы использовали свои ощущения.

Не стоит сдерживать естественные желания

Для вас естественно постоянно излучать в мир желания, мечты и предпочтения, поскольку вы находитесь на Передовом крае Вселенной, которая всячески этому способствует. Таким образом, не стоит сдерживать желания — вечная природа Вселенной настойчиво требует, чтобы их поток не иссякал.

Вот простая основа вечно растущей и развивающейся Вселенной:

Разнообразие порождает размышления.
- Размышления порождают предпочтения.
- Предпочтение — это просьба.
- Просьбы всегда выполняются.

Рассматривая себя в качестве творца собственной жизни, вы должны задать только один, но очень важный вопрос: как прийти в вибрационное соответствие со своими желаниями?

И ответ на него будет очень прост: обращайте внимание на свои ощущения и сознательно выбирайте мысли — любые мысли, от которых чувствуете себя хорошо.

Глава 14

То, что вы знали до прихода в этот мир

Всегда нужно помнить, что каждый из вас — творец, пришедший на этот Передовой край пространственно-временной реальности, чтобы с радостью направлять Исходную Энергию во все сферы физической жизни.

Когда вы приняли решение воплотиться в данном теле, вы знали о том, что всегда были и будете созидателем и что планета Земля может вдохновить вас на новые удивительные творения. Также вы знали, что получите все, о чем ни попросите. Вас волновала открывающаяся впереди возможность воплощать в жизнь самые необычные желания, и вы знали, что Источник, непрерывно текущий сквозь вас, поможет в этом.

Вы также знали следующее:

- Следуя за радостью и счастьем, всегда будешь двигаться к исполнению своих желаний.

- В процессе движения к исполнению желаний всегда испытываешь радость.
- На вашей планете каждому предоставляется достаточно свободы действий для того, чтобы привлечь прекрасные жизненные ситуации путем смещения своей вибрации в сторону приятных ощущений.
- Поскольку Благо является основой этой удивительной Вселенной, у вас будет достаточно возможностей, чтобы превратить свои мысли в положительные ситуации с помощью управления течением ваших мыслей.
- Вы знали, что изобилия хватит на всех, и потому не чувствовали страха и сомнений, думая о противоречивом мире, в котором собирались воплотиться.
- Многообразие мира поможет вам создать собственную, неповторимую жизнь.
- Ваша задача состоит в том, чтобы направлять свои мысли, в соответствии с которыми и будет строиться ваша жизнь.
- Вы представляете собой вечное проявление Исходной Энергии, и ваша суть — добро.
- Вам не составит труда позволить Благу Источника течь из вас во внешний мир.
- Вы никогда не отдалитесь от Источника и никогда не сумеете целиком оторваться от него.
- Вы постоянно будете испытывать эмоции, которые помогут понять направление ваших мыслей — происходит ли движение в сторону исполнения ваших желаний или же, наоборот, вы удаляетесь от этого.
- Каждую секунду ваши ощущения будут сообщать вам, насколько вы открыты потоку Блага. И потому вы воплотились на Земле с радостным ожиданием прекрасного опыта.
- Также вы знали, что ни одна мысль не будет воплощена в жизнь немедленно, что предоставит

прекрасные возможности для формирования идей, оценки задуманного, выбора из нескольких вариантов, а также для наслаждения процессом созидания.

Время, проходящее с момента возникновения вашей мысли до ее проявления в физической жизни, мы называем «временным буфером». Это удивительный промежуток времени, когда вы, послав мысль в окружающий мир, можете оценить свои ощущения и настроить посылаемую мысль соответствующим образом, чтобы достичь ощущений еще более радостных. И тогда, в настроении абсолютного предвкушения, вы сможете наслаждаться тем, как воплощается в жизнь все то, что когда-то было просто вашими желаниями.

«Если я такой умный, то почему не богатый?»

Нет причин отказывать себе в том, чего вы желаете. Так же как нет причин испытывать что-то, чего вы не желаете — ибо именно вы полностью управляете всем, через что проходите в жизни.

Порой наши физические друзья пытаются опровергнуть это могущественное правило, заявляя, что слишком часто не получали того, чего хотели, или, наоборот, сталкивались с чем-либо нежелательным. Этим они доказывают нам, что не являются творцами собственной жизни, поскольку слишком многого не смогли для себя сделать, оправдываясь тем, что если бы, мол, они и на самом деле держали «бразды правления» в своих руках, то все вокруг было бы иначе.

Мы хотим, чтобы вы знали: вы действительно обладаете силой, позволяющей полностью управлять собственной жизнью. Единственная причина, по которой вы когда-либо были лишены желаемого, кроется в том, что вы уделяете свое внимание чему угодно, но только не самому желанию.

«Можно ли положиться на Закон Притяжения?»

Закон Притяжения всегда привлекает к вам суть того, на что направлены ваши мысли. Для этого правила не существует исключений. Вы получаете то, о чем думаете — неважно, хотите вы этого или нет. С течением времени вы привыкнете к мысли о том, что *Закон Притяжения* всегда последователен и постоянен. Он никогда не мошенничает, не запутывает и не вводит вас в заблуждение. *Закон Притяжения* всегда дает точный ответ на предложенную вами вибрацию. Но многие люди все равно окажутся в замешательстве лишь потому, что сами не осознают, какие вибрации посылают в мир. Они знают, что у них есть желание, которое до сих пор не исполнилось. Но им и в голову не приходит, что большинство посылаемых ими мыслей не только не помогают исполнению желания, а, наоборот, противодействуют ему.

Поняв свою *Эмоциональную Руководящую Систему*, вы всегда сможете безошибочно выбрать, какую вибрацию послать в мир. С течением времени, обретя тонкое понимание эмоций, вы в любой момент сможете узнать, помогает ли ваша мысль исполнению желаний или уводит от них прочь. Вы научитесь в буквальном смысле чувствовать свой путь к реализации желаний во всех сферах.

В основе вашего мира лежит Благо. Вы можете принимать его или нет, но Благо все равно будет основой мира. Закон Притяжения гласит: подобное притяги-

вает подобное. Таким образом в ваш мир приходит то, на что вы направляете внимание. А поэтому для вас нет ничего невозможного. Это Закон.

«Но ведь я не могу попасть в Сан-Диего из Феникса!»

Если все вышесказанное — правда (а мы готовы клятвенно заверить, что это так), то как же тогда получается, что многие люди не получают желаемого?

Задайте сами себе вопрос: *как мне попасть в Сан-Диего, штат Калифорния, если я нахожусь в Фениксе, штат Аризона?* Вам будет совсем не сложно дать ответ: неважно, какой способ передвижения вы выберете — поедете на автомобиле, полетите на самолете или вообще пойдете пешком — если вы определились, куда должны идти и продолжаете двигаться в заданном направлении, то рано или поздно обязательно придете в Сан-Диего.

Если же вы двигались вперед, но, неожиданно потеряв чувство направления, повернули назад, в Феникс, а потом развернулись на 180 градусов и снова отправились в Сан-Диего, затем опять сбились с пути и направились обратно в Феникс, то... Так вы можете провести весь остаток дней своих, путешествуя туда и обратно без всякого результата. Возможно, вы так никогда и не придете в этот злосчастный город Сан-Диего. Но, обладая чувством направления и имея перед глазами многочисленные дорожные знаки, указывающие путь, было бы совершенно нелогично с вашей стороны навеки затеряться в пустынях Аризоны в поисках дороги в Сан-Диего. Да и другие путешественники всегда могут подсказать, куда следует двигаться. Путешествие между двумя городами, общая протяженность которого четыреста миль, — совсем не сложная задача, и идея совершить его — абсолютно реальна. Поэтому, если вы твердо решили поехать, то всегда найдете для себя возможность сделать это.

Мы хотим, чтобы вы поняли: путешествие из дня сегодняшнего в желанное для вас будущее так же для вас доступно, как и поездка из Феникса в Сан-Диего, — стоит только понять, как и куда вы должны двигаться.

К примеру, единственное, что может серьезно затруднить ваше путешествие от денежных неурядиц к финансовому благополучию — это непонимание, в какой конкретно момент вы поворачиваете свои мысли в направлении, противоположном желанию. И только по одной-единственной причине ваше путешествие может не привести к желанной, долгожданной цели — если вы не осознаете, какой огромной силой обладают мысли и слова, которые сбивают с пути и ведут «обратно в Феникс». Вы прекрасно знаете все то, что включает в себя поездка из Феникса в Сан-Диего. Но при этом не понимаете, каким образом «доехать» от болезни к крепкому здоровью, от одиночества и непонимания к любви и прекрасным взаимоотношениям, от постоянной нехватки денежных средств до свободы делать все, что вы захотите.

Как только вы поймете, насколько четко и определенно эмоции говорят о том, что с вами происходит, то всегда сможете понять, какие мысли помогают вам, а какие — нет. Вы всегда будете знать, движетесь ли вперед по направлению к своему желанию, или удаляетесь от него. Осознание своего пути подарит долгожданную ясность мыслей — и вы никогда больше не останетесь «затерянным в пустыне». А поняв, что направляетесь к исполнению желаний, сможете наконец немножко расслабиться и начать наслаждаться этим удивительным путешествием.

Глава 15

Вы — совершенное, но постоянно развивающееся существо в совершенном, но постоянно расширяющемся мире, в совершенной, но постоянно расширяющейся Вселенной

Очень важно, чтобы вы знали следующее:

- Вы являетесь физическим продолжением Исходной Энергии.
- Тот физический мир, в котором вы сейчас живете, предоставляет вам идеальные условия для создания желаемого.
- Многообразие этого мира помогает вам определиться с собственными желаниями и предпочтениями.
- Когда желание фокусируется внутри вас, оно мобилизует Созидательную Жизненную Силу, которая немедленно начинает движение в сторону вашего запроса — и Вселенная расширяется. И это хорошо.
- Ваше понимание *Процесса Созидания* не является необходимым для его продолжения.

- Передовой край, на котором вы физически сфокусированы, будет продолжать стимулировать появление новых желаний у тех, кто участвует в этом процессе.
- Каждое желание или предпочтение, независимо от того, насколько важным или, наоборот, незначительным оно выглядит в ваших глазах, сразу же понимается Всем Сущим, и на него дается немедленный ответ.
- Выполняя любое желание, Вселенная расширяется.
- Расширение Вселенной ведет к увеличению многообразия жизни.
- При большем многообразии обогащается ваш опыт.
- При обогащении опыта появляются новые желания.
- Увеличивается количество желаний — увеличивается и количество ответов.
- А также расширяется Вселенная — и это хорошо. Это просто совершенно!
- Вы живете в постоянно развивающемся мире, который постоянно порождает в вас новые и новые желания, на которые Источник всегда немедленно отвечает.
- С высоты каждого исполнившегося желания вы снова посылаете Вселенной запрос.
- Таким образом, развитие Вселенной и ваше собственное развитие всегда будут следующими:

✓ Вы живете в расширяющейся Вселенной.

✓ Вы живете в расширяющемся физическом мире.

✓ Вы сами — развивающаяся Сущность.

✓ Все обстоит именно *так* вне зависимости от того, осознаете вы это или нет.

- ✓ Эта Вселенная постоянно расширяется, и вы — вместе с ней.
- ✓ И это хорошо.

Сознательно участвуйте в удивительном процессе развития собственной жизни

Мы так горячо делимся с вами своими взглядами по одной лишь причине: чтобы вы могли сознательно принимать участие в собственном развитии. *Ваше развитие — это данность, так же, как и развитие вашей пространственно-временной реальности и всей Вселенной в целом. Просто вы получите гораздо больше удовольствия от этого процесса, если сможете сознательно участвовать в собственном развитии.*

Глава 16

Вы — со-творец многообразного великолепия Вселенной

Если вы обладаете способностью думать, представлять или мечтать, то Вселенная имеет все возможности, чтобы воплотить в жизнь то, чего вы хотите. В этом смысле Вселенную можно сравнить с кухней, оборудованной по последнему слову техники, где в вашем распоряжении есть все необходимое. В каждой частице Вселенной есть и желаемое, и его отсутствие. Изобилие и его отсутствие — вот та среда, которая делает желания возможными — а они, в свою очередь, побуждают к действию *Закон Притяжения.*

Если вы не очень точно представляете, чего на самом деле хотите, то не можете также и со всей определенностью сказать, чего не хотите. И наоборот: когда вы не уверены в том, чего не хотите, то не можете точно знать, что вам нужно. Таким образом, именно благодаря жизненному опыту на свет появляются ваши естественные желания и предпочтения. Фактически, вы делаете выбор каждое мгновение своего существования на многих уровнях сознания. Каждая клеточка вашего тела обладает собственным опытом и собственными предпочтениями — и каждое из них распознается Источником, немедленно реагирующим на любой без исключения запрос.

Чтобы получить желаемое, позвольте существовать нежеланному

Порой наши физические друзья выражают желание жить в менее многообразной Вселенной. Они стремятся туда, где не было бы столь много нежеланных объектов, где все соответствовало бы их предпочтениям. В ответ на это мы всегда стараемся объяснить: вы не затем пришли в этот чудесный физический мир, чтобы свести все его многообразие к жалкой пригоршне хороших идей, которые бы устраивали абсолютно всех. Это привело бы к конечности мироздания, чего никак не может произойти. Вы существуете в постоянно развивающейся, расширяющейся Вселенной, в которой для всего находится место. Другими словами, чтобы понять и почувствовать, в чем заключается ваше желание, следует точно знать, чего вы не хотите. И желаемое, и нежелательное в равной степени должны быть известны, чтобы вы могли сделать свой выбор и затем сфокусироваться на нем.

Вы пришли не для того, чтобы исправлять этот мир

Так как в вашем теле нашла свое проявление Нефизическая Исходная Энергия, то ваше физическое существование воистину является Передовым Краем

Многообразие этого мира не только не пугало вас, наоборот, оно служило источником вдохновения. Вы знали, что каждый человек творит свой собственный мир и понимали, что выбор другого человека может в чем-то отличаться от вашего. Но при этом не собирались утверждать, что он не прав, а вы правы. В то время вы умели ценить многообразие жизни.

Процесс, благодаря которому развивается Вселенная

Итак, из разнообразия окружающего мира и присутствующих в нем контрастов появляются на свет ваши предпочтения или желания. Сразу же после рождения они начинают притягивать к вам посредством *Закона Притяжения* суть того, что им соответствует — а значит, немедленно начинается процесс расширения и развития.

Обращая внимание на свои эмоции и осознанно выбирая по поводу новых предпочтений те мысли, от которых чувствуете себя хорошо, вы сохраняете сонастройку с этими предпочтениями. Это позволяет последним легко и мягко прийти в вашу жизнь — так воплощаются желания. Но вслед за исполнением желания изменяются и ваши горизонты, что влечет за собой определенные изменения в вас самих и в ваших вибрационных характеристиках. Таким образом вы попадаете в новую полосу контрастных обстоятельств. Они же снова вдохновляют вас на рождение новых предпочтений, которые запускают во Вселенную новые «ракеты» ваших желаний.

Новые желания, в свою очередь, начинают развиваться и притягивать подобное себе. Вы сохраните вибрационную гармонию с новыми желаниями, если внимательно наблюдаете за своими ощущениями и всегда выбираете только те мысли в отношении новорожденного предпочтения, от которых чувствуете себя хорошо. Следовательно, желаемое легко и непринужденно появится в вашей жизни. Итак, вы опять воплотили свое желание, вас снова ждет новый набор контрастных обстоятельств, а значит не за горами — взлет новой «ракеты» желания.

Так развивается Вселенная, и именно поэтому вы находитесь на передовом крае этого развития. Удивительные и неповторимые контрасты этого физического мира продолжают вызывать к жизни бесконечное количество новых желаний. И стоит лишь какому-нибудь из них появиться на свет, Источник немедленно на него реагирует. Это бесконечное, находящееся в непрерывном движении, чистое и позитивное развитие.

Цель недостижима, наслаждайтесь самим путешествием

Когда-нибудь вы заметите, что каждое новое достижение побуждает вас к новым устремлениям. Аппетит приходит во время еды, и каждое исполнившееся желание непременно ведет к тому, что в вас начинают зарождаться новые. Осознав это, вы и сами поймете, какую огромную роль играете в развитии Вселенной. С течением времени вам станет ясно, что эта ваша работа никогда не будет выполнена: вы же не можете навсегда закрыть глаза и не видеть окружающего. А мир будет пробуждать в вашей душе все новые и новые мечты, идеи и желания. Это есть основа Вселенной. Поэтому как можно скорее успокойте свою душу мыслями о том, что вы вечны, что поток ваших желаний никогда не остановится и не иссякнет, что каждое желание при этом обладает достаточной силой, чтобы притягивать (согласно *Закону Притяжения*) все необходимое для своего развития и воплощения в реальность. Тогда вы осознаете всю беспредельность Блага, на котором покоится Вселенная. И вздохнете с облегчением, найдя успокоение в вечной природе собственной Сущности. С этого момента вы начнете получать удовольствие от своего удивительного путешествия.

Если вы вдруг поставите себе цель получить все и сразу, добиться исполнения всех своих желаний, то рано или поздно поймете тщетность подобных попыток, поскольку сама Вселенная будет сопротивляться такой идее. *Вы никогда не достигнете этой цели, потому что никогда не прекратите своего существования и не сможете отгородиться от информации, которая будет порождать в вас новые запросы. А вслед за ними появятся и новые ответы.*

Ваша сущность — это вечное развитие. И в этом развитии скрыт огромный потенциал невыразимого блаженства.

Почувствуйте баланс и совершенство окружающего мира

Итак, контраст рождает в вас новое желание. Вы излучаете это желание, и на него сразу же дается ответ. Всегда. Заказав, вы всегда получаете.

Подумайте, насколько совершенен этот процесс: *непрерывный поток идей, призванных улучшить жизнь, постоянно исходит от вас, а обратно к вам чередой идут ответы на них.*

А теперь попытайтесь представить себе все совершенство этой Вселенной: *каждая частица созна-*

ния развивается точно так же, как и вы, поскольку любое желание всегда бывает понято, на него дается ответ, и при этом все точки зрения имеют право на существование.

Почувствуйте равновесие и совершенство окружающего мира: *каждая частица Сознания, даже если это Сознание одной из клеток вашего тела, может послать просьбу об улучшении своего положения — и получит незамедлительный ответ.*

Соперничество отсутствует, так как все просьбы выполняются

Каждая точка зрения имеет право на существование, каждый запрос удовлетворяется. Поскольку эта удивительная Вселенная постоянно расширяется, то она обладает неограниченными ресурсами, позволяющими выполнить любую, даже самую необычную, просьбу. Нет конца ее ответам на бесконечный поток вопросов — и потому для Вселенной не существует такого понятия, как соперничество.

Никто другой не может воспользоваться возможностями, предназначенными именно для вас, точно так же, как и вы не сумеете подключиться к ресурсам, которые находятся в распоряжении другого человека. Все желания выполняются, все запросы удовлетворяются, и никто из вас не остается незамеченным, нелюбимым, ненужным. Когда вы открыты своему Энергетическому Потоку, вы всегда будете победителем, но никто из окружающих людей не проиграет от вашей победы. Блага хватит на всех.

Порой наши физические друзья сталкиваются с трудностями, когда пытаются осознать это правило, поскольку либо им самим случалось переживать не лучшие времена, либо это происходило с кем-нибудь из их друзей или знакомых. Но все пережитые ими трудности вовсе не являются свидетельством нехватки или отсутствия ресурсов у Вселенной, просто люди их не получают, поскольку сами, по собственной воле, отклоняются от Источника. **Шаг первый** был сделан: вы попросили. **Шаг второй** тоже имел место: вам ответили. Но вот самый важный **Шаг третий** — принятие, позволение — вы так и не сделали.

Если кто-то не получает ответа на свою просьбу, то это происходит не потому, что у Вселенной не хватает возможностей для ее выполнения. Это происходит оттого, что желание человека не находится в соответствии с его же собственным вибрационным посылом. Во Вселенной нет дефицита, нехватки ресурсов или борьбы за них. Вопрос лишь в том, принимаете вы ее ответ или отказываетесь от него.

Глава 17

Где вы находитесь сейчас, и где вы хотели бы быть?

Вы когда-нибудь слышали о глобальной спутниковой навигационной системе GPS, которая сегодня доступна даже простым автолюбителям? Антенна, установленная на крыше машины, посылает сигнал спутнику, который, в свою очередь, устанавливает ваше местоположение. Если вы введете выбранное вами направление в компьютер, то он определит путь, по которому следует двигаться, чтобы прибыть в пункт назначения. На мониторе высветится информация о расстоянии, которое необходимо проехать, а также о наиболее удобном для вас маршруте. Когда вы начнете движение, система будет вести вас (с помощью голоса или текста на экране) точно по направлению к выбранной цели.

Навигационная система никогда не спрашивает: «Где вы были раньше?» — и тем более — «Почему вы торчали там так долго?» Ее предназначение в том, чтобы привести вас из того места, где вы на-

ходитесь, в то, где хотели бы оказаться. Ваши эмоции — такая же навигационная система. Они служат тому, чтобы вы могли преодолеть расстояние, лежащее между тем, кто вы сегодня, и тем, кем вы хотели бы быть.

Крайне важно точно определить, где вы находитесь сейчас и куда хотели бы попасть, поскольку это необходимо, чтобы сделать дорогу максимально короткой и удобной. Точное знание пункта отправления, как, впрочем, и пункта назначения, является весьма существенным, если вы серьезно готовитесь к путешествию.

Физический мир оказывает на вас влияние буквально со всех сторон. Слишком многие люди из вашего окружения просят, а то и настойчиво требуют, чтобы вы изменили свое поведение, поскольку им так было бы удобнее. Вы тонете в законах, правилах, предписаниях, указаниях, придуманных другими людьми, и у каждого человека есть свое собственное, драгоценное мнение по поводу того, каким вы должны быть и как вам следует себя вести. Но вы никогда не придете к намеченной цели, если будете все время только прислушиваться к советам и требованиям со стороны.

Часто вас насильно толкают на этот путь, и вы изо всех сил пытаетесь угодить окружающим только для того, чтобы рано или поздно обнаружить всю бессмысленность этих попыток. У вас никогда не получится быть хорошим для всех, как бы вы ни старались. При этом вы оказываетесь уже не в состоянии двигаться в том направлении, которое было бы приятно вам. Пытаясь соответствовать требованиям окружающих, вы никому не сделаете лучше: ни себе, ни людям. Если вы будете метаться из стороны в сторону, то вскоре потеряете ту единственную дорогу, которая была вам нужна.

Ваше счастье — лучший подарок окружающим

Самый большой дар, который вы способны принести окружающим — это ваше собственное счастье. Когда вы радуетесь жизни, когда вы наполнены счастьем и признательностью — вы подключены к Источнику чистой, положительной Исходной Энергии, являющейся вашей истинной Сущностью. Если вы наладили связь с Источником и черпаете из него энергию, то все попавшие в сферу вашего внимания смогут извлечь из общения с вами большую пользу.

Никто из других людей не нуждается в вас, чтобы добиться исполнения своих желаний, поскольку все вы в абсолютно равной степени имеете доступ к Потоку Блага. Но при этом довольно часто окружающие (из числа тех, кто не знает о своей связи с Источником) страдают от собственной несостоятельности, от неспособности добиться успеха в жизни. Они чувствуют себя несчастными, и поэтому просят вас сделать так, чтобы им стало хоть чуточку легче. Такие люди пытаются сделать вас ответственным за их личное счастье, чем не только заставляют вас испытывать чувство душевного дискомфорта, но еще и самих себя связывают по рукам и ногам. Они не могут управлять другими, но если это обязательное условие их душевного равновесия, то нам их искренне жаль.

Ваше счастье не зависит от действий окружающих

Счастье — это результат лишь вашего собственного вибрационного баланса. Никто и ничто извне не может на это повлиять. Точно так же и счастье других людей ни в коей мере не имеет отношения к вам, а зависит только от *их* собственной вибрационной гармонии, поскольку чувства любого человека каждую минуту сообщают ему информацию о состоянии его собственных энергетических потоков. Чувства — это самый понятный и простой в использовании индикатор вибрационного баланса между вашими желаниями и тем вибрационным посылом, что вы отправляете в мир.

Это должен знать каждый: во всей Вселенной нет ничего более важного, чем понимание соответствия между вибрацией желания и вибрацией, которую вы посылаете, а чувства подскажут, открыты вы Источнику или нет. Положительные мысли, создание того, что вам нужно, счастье, здоровье, процветание — словом, все то, что у людей зовется «благом» — все это зависит от эмоций, испытываемых вами в данную минуту, и от соответствия вибраций данных эмоций вибрациям желания и вибрациям вашего истинного «я».

Каждая мысль приближает к «Сан-Диего» либо отдаляет от него

Как мы уже выяснили, вам не составит труда хорошенько продумать поездку из Феникса в Сан-Диего, если вы хотите, чтобы она прошла удачно. Точно так же можно организовать путешествие от нужды к достатку, от болезни к здоровью, от неразберихи к порядку. По дороге из Феникса в Сан-Диего вас не ждут неожиданности, поскольку вам известно расстояние между городами, вы знаете, на каком участке пути находитесь, и понимаете, что движение в противоположном направлении не приведет к цели. Необходимо понимать собственную *Эмоциональ-*

ную Руководящую Систему на тот случай, если вдруг понадобится определить, где вы находитесь по отношению к своему желанию. С ее помощью будет несложно ориентироваться. Вы сможете точно почувствовать, какая мысль приближает вас к цели, а какая удаляет от нее.

Прибегнув к руководству какого-либо внешнего источника, вы очень легко собьетесь с дороги и заблудитесь. Используйте только собственные ресурсы, так как никто другой не может понять ваш путь из исходного пункта до конечной цели так, как вы. Но при этом окружающие, даже не до конца понимая ваши желания, будут добавлять к смеси ваших устремлений и свои собственные. Итак, только внимательно наблюдая за своим настроением, вы сможете точно направить себя к намеченной цели.

Почему слово «нет» означает «да»?

Ваша вибрационная Вселенная имеет в своей основе *Закон Притяжения*. Это значит, что она действует по принципу включения. Если вы направляете внимание на то, чего желаете, говоря ему «да», то включаете этот объект в ваши вибрации. Но даже если, думая о чем-то нежелательном, вы говорите ему «нет», то и его включаете в свои вибрации. Вы не будете посылать вибрацию только в том случае, если не станете уделять объекту никакого внимания, но вам не удастся исключить из потока своих вибраций то, на чем вы фокусируетесь.

Глава 18

Шаг за шагом вы можете изменять свои вибрационные настройки

Если вы приняли решение изменить свои мысли, то вовсе не обязательно, что вам сразу же это удастся. Вот что говорит по этому поводу *Закон Притяжения. Конечно, вы можете выбрать для себя любую мысль, точно так же, как при желании можете поехать в любой пункт назначения.* Но *при этом вы не можете преодолеть расстояние между двумя городами одним прыжком. Точно так же вы не в состоянии «перепрыгнуть» в новую мысль, поскольку ее вибрационная частота сильно отличается от той, которой обладают привычные для вас мысли.*

Порой ваш приятель, у которого сегодня настроение лучше вашего, начинает вас тормошить и требовать, чтобы вы прекратили смотреть на мир мрачно и подумали о чем-нибудь хорошем. Но если ваш друг находится в области положительных ощущений, это еще не значит, что он и вас за несколько минут сумеет привести в прекрасное расположение духа — поскольку *Закон Притяжения* не позволит «поймать» вибрационную волну, которая не совпадает с вашей. Несмотря на то, что вы искренне хотите поднять свое настроение, у вас, увы, не очень-то получается мыслить «в одном ключе» с другом. Но мы хотим сказать, что вы можете найти позитивные мысли — для этого нужно только осторожно и не торопясь изменить свою вибрационную частоту. Тогда вы сможете не только обрести позитивный образ мыслей, но и сохранить его.

Как только вы поймете, что постоянно располагаете информацией о вибрационном содержании своей Сущности и точки притяжения, то сумеете осознанно и творчески управлять событиями в своей жизни. Когда же вы поймете, что эмоции всегда осуществляют связь с вибрационным содержанием, то сможете постепенно и осторожно упорядочивать свои вибрации.

Стремитесь к наилучшей из возможных мыслей

Разные мысли рождают разный эмоциональный отклик. Вы могли бы сказать: «Я буду сознательно выбирать свои мысли, и поэтому стану чувствовать себя более счастливым». Это было бы неплохим решением. Но еще лучше, а главное, гораздо легче было бы сделать следующий вывод: «Я хочу чувствовать себя счастливым, и я постараюсь чувствовать себя счастливым, выбирая мысли, которые *сделают* меня таким».

Если вы приняли решение «идти за счастьем», а обстоятельства, в которых вы сейчас находитесь, можно назвать плачевными, то все ваши благие намерения будут тщетны. *Закон Притяжения* никогда не позволит удержать мысль, вибрация которой сильно отличается от тех, к которым вы привыкли. Но если вы решите *стремиться к наиболее радостной мысли из тех, до которых в состоянии сейчас дотянуться*, то это не составит для вас никакого труда.

Ключ к тому, чтобы подняться по *вибрационной эмоциональной шкале*, — осознанное и чуткое наблюдение за своими эмоциями, поскольку без этого вы не сможете понять, в каком направлении двигаетесь. (Человек может сделать разворот на 180 градусов и направиться обратно в Феникс, даже не заметив этого.)

Но если вы потратите немного времени на то, чтобы определить, какие эмоции в данный момент испытываете, тогда любое улучшение в настроении будет означать, что вы неуклонно движетесь к цели, в то время как негативные эмоции станут сигналом движения в обратном направлении.

Каким образом можно понять, что вы поднимаетесь вверх по этой *вибрационной эмоциональной шкале*? В первую очередь вы всегда должны стремиться к чувству легкости, которое наступает, когда избавляешься от мыслей, противодействующих соединению с Источником, а на их место приходят мысли, открывающие доступ к нему. Поток Блага *непрерывно* течет сквозь вас, и чем больше вы открыты ему, тем счастливее становится ваша жизнь. Чем больше вы противодействуете ему, тем хуже ваше настроение.

Глава 19

Лишь вам одному известно, что вы чувствуете

Если вы чего-то ждете, оно уже на пути к вам. Если во что-то верите — оно уже на пороге. Если чего-то боитесь — значит, и это уже стучится в вашу дверь.

Ваше отношение или настроение всегда указывают на то, что вас ждет — но вы не привязаны к своей теперешней точке притяжения. Даже если вы копили мысли, привычки и убеждения в течение всей своей физической жизни, то это еще не повод продолжать притягивать события в соответствии с ними. В любой момент можно взять под контроль все происходящее в вашей жизни. Обратив внимание на показатели *Эмоциональной Руководящей Системы*, вы всегда сможете изменить свою точку притяжения.

Если в вашей жизни есть то, что хотелось бы изменить, сначала вам нужно изменить свои убеждения.

Если в вашей жизни нет того, что вы хотели бы иметь, вам нужно изменить свои убеждения.

Нет на свете ситуаций настолько сложных, чтобы их нельзя было изменить, нужно только повернуть мысли в противоположном направлении. Как бы то ни было, изменение образа мыслей требует внимания и привычки. Если вы продолжите верить и думать как раньше, то не ждите, что жизнь изменится к лучшему.

Жизнь — это непрерывное движение, поэтому невозможно «завязнуть»

Иногда наши друзья из физического мира говорят: «Я завяз! Моя жизнь словно болото: из года в год одно и то же, сплошная рутина, и я никак не могу из нее выбраться. Меня засасывает эта трясина!»

И тогда мы начинаем объяснять, что в этой жизни невозможно полностью остановиться или застрять, поскольку Энергия и, следовательно, жизнь всегда находятся в движении. Все вокруг непрерывно меняется.

Вам кажется, что вы «завязли», но это не так. Просто вы продолжаете мыслить в том же направлении, и потому ваша жизнь *меняется — но она меняется на то же, что и было, снова и снова.*

Если вы действительно хотите, чтобы ваша жизнь изменилась, то должны выбирать другие мысли. Для этого нужно найти необычный подход к привычным вещам.

Другие люди не понимают, что вы чувствуете и чего желаете

Окружающие часто выражают горячее желание руководить вами. Попробуйте представить себе, какое бесчисленное множество людей живет на свете. А сколько людей — столько и мнений, а также правил, законов, предписаний и указаний по поводу того, как вы должны жить. Но никто из этих людей не способен принять во внимание одну-единственную вещь, которая действительно имеет значение для исполнения ваших желаний: *им не дано понять вибрационное содержание ваших желаний, как, впрочем, и вибрационное содержание вашего нынешнего положения. Именно поэтому они ни в коей мере не способны руководить вами. Даже если ими движут самые лучшие, самые благородные намерения, если они совершенно искренне желают вам добра, они все равно ничего про вас не знают. И даже если многие из них пытаются быть бескорыстными и думать только о вас, они все равно не способны отделить то, что желают вам, от других желаний, предназначенных для них самих.*

Никто другой не знает, что вам подходит больше всего

Если вы помните о том, что все просьбы выполняются, то неужели вас не восхитит совершенство этого мира, где вы можете выбрать для себя все, что захотите?

Представьте себе, что вы собираетесь посетить *семинар Абрахама—Хиксов по Искусству Принятия.* Вы знаете, где он будет проводиться, и выбрали в своем графике наиболее удобное для *вас* время. Теперь будет сравнительно легко принять решение, которое вас устроит по всем параметрам.

Итак, у вас в руках расписание, в котором обозначены приблизительно пятьдесят семинаров, проводящихся в течение всего года. Вы стараетесь выбрать из них тот, что будет наиболее удобен как по времени, так и по месту проведения. Например, вы нашли один семинар, который будет проводиться как раз в вашем городе. Но тут обнаруживаете, что на этот день у вас уже запланировано что-то другое. Начинаете искать альтернативу. И вот, наконец, удается найти семинар, совпадающий с вашим свободным днем. К тому же он проводится в городе, где вы ни разу не были, но всегда хотели посетить. Итак, вы приняли решение и звоните в издательство Абрахам–Хикс — просите зарезервировать для себя место.

Поскольку семинар проводится не в том городе, где вы живете, вам нужно будет где-нибудь разместиться и решить вопрос с транспортом. Рассмотрев все свои нужды и пожелания, вы вырабатываете сразу несколько планов: в первую очередь, решаете лететь в этот город на самолете, чтобы выиграть время. Затем выбираете гостиницу, которая будет находиться всего в нескольких кварталах от отеля, где проводится семинар. Поскольку вы являетесь участником семинара, то такой выбор будет для вас наиболее удобным. Кроме того, вы предпочитаете определенный тип матрасов, который, по счастью, там имеется (а ведь их предоставляют далеко не в каждой гостинице).

Прибыв в город, где проводится семинар, вы берете напрокат автомобиль у той компании, которая вам нравится больше других. По дороге в отель замечаете ресторан, который полностью отвечает вашим вкусам и к тому же вашему карману. Итак, можно сказать, что вы хорошо устроились. Фактически, вы сами себе организовали отличную поездку.

А теперь вообразите себе другую ситуацию. Например, представители издательства Abraham–Hicks Publications решат, что они, в силу богатого опыта по проведению всевозможных семинаров, могут гораздо лучше, чем вы, организовать это посещение. Основываясь на том, что узнали от многих тысяч своих слушателей, они возьмутся все устроить за вас. Принимая во внимание ваш адрес, они решат, что вы предпочли бы посетить семинар в своем родном городе, и найдут один такой в своем расписании. Но вы объясняете, что это противоречит вашим планам, потому что день, на который назначен семинар, у вас уже занят другими делами. Тогда издательство меняет свое решение и посылает вам приглашение посетить семинар в том городе, где вы хотели бы побывать.

Подобным же образом они решают за вас, каким видом транспорта вы будете туда добираться, покупают билеты, выбирают по своему усмотрению автомобиль и гостиницу, где вы будете ночевать. Вдобавок ко всему прочему, за вас решат, что вы должны есть и пить, причем их выбор зачастую весьма далек от ваших собственных предпочтений. Вы сами организовали бы все это гораздо лучше.

Если вы помните, что просьбы всегда выполняются, то понимаете, как это было бы чудесно — выбирать что-либо для самого себя — поскольку Вселенная реагирует на ваши запросы гораздо эффективнее, если в них не присутствует лишнее постороннее влияние. Никто, кроме вас, не знает, что вам на самом деле нужно. Только вы один понимаете, что вам подходит больше всего.

Глава 20

За попытку лишить свободы других, вы платите собственной свободой

Да, просьбы всегда выполняются, но следует достичь вибрационной гармонии со своей просьбой прежде, чем вы сможете впустить ее в жизнь. Причина того, что многие люди не помнят или не верят в непременное исполнение просьб, состоит в их неосведомленности о собственном вибрационном состоянии. Они не могут осознанно проследить связь между своими мыслями, чувствами, возникающими вследствие этих мыслей, и происходящими затем событиями. Но, не поняв эту связь, вы не сможете узнать, на каком этапе пути к исполнению желания находитесь.

Если вы чего-то хотите, но до сих пор не получили желаемого, то вполне можете решить, что все дело в препятствиях, чинимых враждебной внешней силой. На самом деле все не так: единственное, что действительно мешает исполнению желания — это несоответствие ваших привычных мыслей и самого желания.

Как только вы осознаете силу мысли и свою способность притягивать в жизнь желаемое, то сможете творчески контролировать события. Но если вы больше фокусируетесь на видимых *результатах* мыслей, чем *чувствуете* свой путь, то легко можете заблудиться по дороге к желаемому.

У каждой «реальности» есть свой создатель

Иногда люди пытаются спорить с нами, говоря: «Но, Абрахам, я говорю то, что есть на самом деле. Я просто смотрю в лицо реальности». А мы отвечаем, что вы научились смотреть в лицо «реальности» еще до того, как узнали про свою способность *творить* реальность. Не стоит смотреть в лицо действительности, если это не то «лицо», которое вы хотели бы творить — поскольку любая реальность существует только потому, что чье-то внимание произвело ее на свет.

Некоторые возразят нам: «Но правда в любом случае заслуживает моего внимания». И мы на это ответим, что все, на что вы направляете внимание, становится... вашей *Правдой.* Таким образом, для вас гораздо полезнее в первую очередь обращать внимание на свои эмоции и не слишком фокусироваться на том, что происходит вокруг, поскольку чрезмерное внимание к вещам, какие они есть, препятствует их развитию.

Вся статистика, которую вы скопили, основываясь на своем личном опыте и на опыте других людей, показывает лишь то, насколько тот или иной человек имеет доступ к потоку Энергии, но не имеет никакого отношения к так называемой «суровой действительности».

В вашем обществе на сегодняшний день слишком многие занимаются статистикой. Они тратят свое драгоценное время на то, что сравнивают какие-то цифры, факты, данные из жизни других людей, а затем делят их на обычные и необычные, правильные и неправильные, полезные и вредные. Они задним числом взвешивают все «за» и «против», все плюсы и минусы чего-либо, даже не догадываясь при этом, что посылаемые ими вибрации не работают на них самих. Такие люди не имеют малейшего понятия о собственной силе, поскольку все время направляют Энергию на другие объекты. Их жизнь становится скорее журналом, куда они заносят сведения о тех, с кем им приходится делить эту планету. Но в ней уже не остается места для их собственного творчества.

Не самая приятная участь ждет подобных людей, считающих, что их счастье и благополучие зависят от поступков окружающих. Они смотрят на других как на источник возможной опасности. Анализируя чужое поведение, мысли и опыт, они решают, что все это никуда не годится, и говорят «нет». Им не приходит при этом в голову, что таким образом они притягивают к себе множество нежелательных вещей. Итак, именно из-за незнания того, как неприятные события находят дорогу в их жизнь, подобные люди становятся чрезмерно осторожными и боязливыми.

Нежелательные вещи не могут шагнуть в вашу жизнь без приглашения

Обрести свободу от страха перед нежелательными событиями за счет управления поведением и желаниями других людей невозможно. Ваша свобода достижима только посредством настройки вибрационной точки притяжения.

Если вы не знакомы с *Законом Притяжения* и не понимаете, что представляет собой вибрационная точка притяжения, то становится совершенно понятно, почему вы все еще пытаетесь управлять окружающим миром. Но вы *не можете* управлять таким огромным количеством самых разнообразных обстоятельств. Однако если вы ознакомитесь с *Законом Притяжения* и будете внимательны к собственным мыслям и чувствам, то вас уже больше не будет преследовать страх перед тем, что нежелательные события ворвутся в жизнь. Вы поймете, что любые события происходят с вами только потому, что вы сами пригласили их. Согласно законам нашей Вселенной, основанной на притяжении, вы *не можете* получить того, с чем не обрели вибрационной гармонии. Поэтому до тех пор, пока вы не *придете* в вибрационное соответствие со своим желанием, результата вам не дождаться.

Даже самые маленькие из вас, младенцы, и те уже посылают свои вибрации во Вселенную. И эти вибрации находятся в соответствии с ней. И так же, как вы, малыши находятся под влиянием вибраций окружающих, но, тем не менее, создают собственную реальность. Как и вы, они не начали свою жизнь лишь тогда, когда пришли в тело, но приступили к созданию своей реальности еще задолго до рождения.

Самый сильный аргумент, который мы слышим от наших физических друзей (из тех, кто хочет понять самих себя, живущих и создающих на этой земле, и свои отношения с Нефизическим миром), состоит в следующем: «Но разве возможно, чтобы такие маленькие дети, которые еще ничего толком не смыслят в окружающем их мире, могли бы быть ответственными за создание собственной жизни?» Мы хотим, чтобы вы поняли — эти малыши на самом деле подготовлены к жизни ничуть не хуже вас, взрослых, потому что они были рождены с *Эмоциональной Руководящей Системой*, помогающей им во всем.

Эти крохи, как и вы сами, радостно пришли в эту пространственно-временную реальность, горя от нетерпения создавать собственную жизнь. Они хотели использовать каждую предоставленную им возможность, постоянно принимать новые решения и связываться с Энергией собственного Источника. Не переживайте и не бойтесь за них, как, впрочем, и ни за кого другого. Благо является правилом для этой Вселенной независимо от того, каким выглядит ваше положение на сегодняшний день.

Помните: эмоции несут всю необходимую информацию о соединении с Исходной Энергией. Они скажут вам, какое количество Исходной Энергии вы накапливаете в качестве реакции на то желание, на котором сфокусированы. Эмоции также подскажут, находитесь ли вы в данный момент в вибрационном соответствии с желанием.

В чем дело — в скорости или в дереве?

Если на скорости 120 километров в час ваша машина ударится в дерево, это приведет к серьезной аварии. Но при скорости 10 километров в час результаты столкновения будут совершенно другие. Сравните скорость автомобиля с силой вашего желания. Другими словами, чем больше вы чего-то хотите или чем дольше фокусируетесь на своем желании, тем быстрее движется Энергия. А дерево в нашем случае обозначает противодействие, или же мысли, идущие вразрез с самим желанием.

Неужели вам бы понравилось непрерывно врезаться в деревья? Точно так же неприятно иметь сильное желание и постоянно наталкиваться на мощное противодействие его исполнению. Некоторые пытаются достичь равновесия, снижая скорость своего автомобиля. Другими словами, они налагают запрет на свое желание или пытаются его «отпустить». Иногда, ценой больших усилий, им удается в какой-то степени ослабить силу желания, хотя куда лучшим решением было бы снизить уровень сопротивления.

Ваше желание возникает как естественный результат окружающих контрастов. Вся Вселенная существует для того, чтобы вдохновлять вас на новые желания. Таким образом, отказываясь от желания, вы идете наперекор Силам Вселенной. Даже если вы действительно способны подавить в себе желание, то на его место придут другие, и это будет продолжаться постоянно. Вы пришли в это тело и в этот удивительный, прекрасный и многоликий мир с твердым намерением использовать создающую миры Энергию, фокусируя ее в мощной линзе *своих* желаний. А значит, нет во всей Вселенной ничего более естественного для *вас*, чем продолжать желать.

За каждым вашим желанием кроется одно — желание счастья

За всеми человеческими желаниями кроется уверенность, что по достижении желаемого жизнь изменится к лучшему. Идет ли речь о чем-то материальном или о положении в обществе, об условиях жизни или о любви и взаимоотношениях между людьми — где-то в самой глубине каждого желания скрывается стремление к счастью. Таким образом, показателем вашего успеха в жизни будут не вещи, деньги или положение в обществе, единственный показатель успеха — это радость, которую вы получаете от жизни.

Основой жизни является свобода, результатом — развитие. Но истинное назначение жизни в том, чтобы быть счастливым. Поэтому результат не является конечной целью, гораздо важнее — процесс — то, что вы чувствуете каждую минуту своей жизни. Иначе говоря, вы пришли в эту многообразную физическую реальность для того, чтобы определиться с желаниями, подключиться к Энергии, творящей миры, и плыть в ее потоке по направлению к цели. И не потому, что цель эта так важна, а потому что движение к ней является неотъемлемой частью жизни.

Чувство благодарности позволяет снизить сопротивление

Помните, что вы — продолжение Исходной Энергии, а значит, открывая себя Источнику, будете чувствовать себя хорошо. И, наоборот, закрываясь, вы будете чувствовать себя хуже. Вы — чистая, положительная Энергия. Вы — любовь. Вы ждете от жизни только хорошего, уважаете и любите себя и других людей, и вы появились на свет с врожденным чувством благодарности.

Благодарность и любовь к самому себе являются наиболее важными чувствами для любого человека. *Чувства благодарности окружающим и признательности самому себе — это наиболее точно соответствующие Исходной Энергии вибрации из всех, какие мы когда-либо видели во всей Вселенной.*

Когда ваше внимание направлено на чувство признательности, в ваших энергиях нет противоречий, так как эта вибрация очень близка к тому, чем вы являетесь — к любви. Испытывая благодарность, вы не противоречите своему истинному «я», поэтому вас переполняют любовь и радость. Вы чувствуете себя просто прекрасно.

Но, критикуя кого-то или даже самого себя, вы заметите, что начинаете чувствовать себя хуже — поскольку критические мысли весьма далеки от Источника. Другими словами, если вы выбрали мысли, не совпадающие с вашей истинной природой, то эмоции заставят вас в полной мере ощутить ошибочность этого выбора.

Скажем, ваша бабушка обожала и ценила вас, говорила, какой вы замечательный, умный, красивый и талантливый. Главная причина, по которой эти слова проливались вам бальзамом на душу — в том, что они заставляли вас фокусироваться на положительных мыслях, которые соединяли вас с вашим истинным «я». Но если учитель или товарищ жестко критиковал вас, то настроение ухудшалось, поскольку вызванные критикой негативные эмоции не соответствуют вашей глубинной природе.

Эмоции — это постоянный показатель состояния соединения со своим истинным «я». Если вы находитесь в гармонии с ним, то чувствуете радость. Если связь перекрыта, то ваше настроение ухудшается.

Вы должны быть достаточно себялюбивы, чтобы соответствовать Благу

Возможно, кто-нибудь обвинит нас в том, что мы призываем к эгоизму — мы согласимся с этим. Конечно, мы учим эгоизму, поскольку если вы не будете достаточно эгоистичны для того, чтобы осознанно подключиться к Энергии своего Источника, то вам просто нечего будет предложить другим людям.

Кто-нибудь станет переживать: «Если я достигну желаемого, думая только о себе, не будет ли это нечестно по отношению к другим людям?» Но подобное мнение основано на неверной предпосылке, что существует какой-то предел благополучия. Человек боится взять слишком большой кусок пирога, чтобы не оставить остальных вообще без ничего. Но на самом деле *этот пирог увеличивается прямо пропорционально каждому новому желанию любого из вас.*

Вы ведь никогда не скажете: «Я испытываю чувство вины за то, что у меня отличное здоровье и сил в избытке. Поэтому я серьезно подумал и принял решение заболеть в течение ближайших лет, чтобы те, кто болен сейчас, смогли воспользоваться моим здоровьем для поправки собственного». Вы понимаете, что ваше хорошее самочувствие ни в коей мере не отнимает здоровья у других людей.

Некоторые из вас опасаются, что эгоистичный человек может обдуманно причинять зло окружающим, но на самом деле такое никогда не случится с тем, кто подключен к Исходной Энергии. Такой человек не способен вредить другим, поскольку подобные вибрации несовместимы с Источником.

Вы можете сказать: «Мне как-то довелось увидеть фотографию серийного убийцы, и он выглядел радостным и вполне довольным жизнью. На его лице не было ни тени раскаяния. Он говорил, что получал удовольствие от того, что делал». Но вы не можете совершенно точно узнать, какие именно эмоции *он* испытывал. Вы можете испытывать собственные чувства благодаря связи между желанием и состоянием мыслей, но никогда не узнаете, какие в действительности эмоции овладевают *другим* человеком. Мы можем клятвенно заверить вас, что ни один из тех, кто имеет открытый доступ к Исходной Энергии, не способен намеренно причинить боль другому человеку. Такие люди способны драться в целях самозащиты или в момент отсутствия соединения с Источником, но само состояние связи с Исходной Энергией никогда не послужит причиной негативных действий. Вы должны понять, что наивысшее проявление себялюбия — это связь со своим истинным «я». И если эта связь установлена, то вы становитесь чистой, положительной Энергией, которая сфокусирована в физическом теле.

Если бы каждый человек на этой планете был соединен со своим Источником, то в мире не было бы больше насилия, поскольку без следа исчезли бы ревность, зависть, неуверенность и чувство нездорового соперничества. Если бы каждый чувствовал великое могущество собственной природы, то никто не пытался бы управлять другими. Любые негативные эмоции, как, например, неуверенность или ненависть, рождаются исключительно по причине отсутствия связи со своим истинным «я». Ваша (эгоистичная) связь с Благом может принести всем только Благо.

И, наконец, самое важное. Вы должны понять, что не нужно всем (и даже хоть *кому-нибудь*) знать, чему вы учитесь для того, чтобы *ваша* жизнь стала счастливой. Когда-нибудь вы вспомните, кто вы есть на самом деле, и сумеете выбрать мысли, которые приведут вас в соответствие с вашим истинным «я». Тогда ваш мир тоже станет гармоничным — и Благо станет проявляться во всех сферах жизни.

Отсутствие ожидания означает непринятие

Помните: любая испытываемая эмоция является индикатором количества Энергии, мобилизуемой вашим желанием, а также того, насколько ваши мысли и убеждения по поводу этого желания позволяют вам впускать эту Энергию. Если чувства сильны (причем неважно, положительные они или отрицательные), это означает, что ваша концентрация на желании высока и, следовательно, вы мобилизуете большое количество Энергии на исполнение желания. Если вы испытываете отрицательные эмоции, такие, как депрессия, страх или гнев — значит, вы оказываете сильнейшее противодействие своему желанию. Зато когда вас переполняют положительные эмоции: увлеченность, энтузиазм, радостное ожидание или любовь, — это говорит о том, что желание не встречает на своем пути никаких препятствий с вашей стороны и, таким образом, Исходная Энергия, которую вы накопили, не отводится в сторону. Следовательно, вы открыты для реализации своего желания.

Становится очевидным, что наилучшая творческая ситуация — если вы очень, *очень* сильно чего-то хотите и одновременно искренне верите, что это возможно. И если вы сумеете выработать в себе подобное сочетание желания и веры, то все, что вы хотите, начнет немедленно осуществляться. Но если желать чего-то, *не* веря в возможность исполнения этого, если вообще не ждать и не надеяться — то вряд ли в таком случае стоит ждать результата. Мы должны признать, что очень сильное желание способно победить любые сомнения — но все равно процесс воплощения его в жизнь будет нелегким. Он может затянуться на долгие годы, поскольку вы сами препятствуете его исполнению.

Желание само по себе всегда радостно

К сожалению, очень многие люди не могут четко провести границу между неприятными чувствами, которые испытываешь, когда не веришь в возможность исполнения желаемого, и самим желанием. Они считают, что все это в совокупности и есть желание. Они уже успели позабыть те чистые, горячие и искренние мечты своей молодости. Само по себе желание всегда доставляет радость, поскольку представляет собой вибрацию, которая протягивается от вас в необозримое будущее, подготавливая путь для *Закона Притяжения*, дающего все необходимое.

Распознавание эмоций и осознанная работа по выбору мыслей, предназначенных для создания хорошего настроения, — это и есть, собственно, *Сознательное Творение*. В этом же заключается и *Искусство Принятия*.

Для чего вы хотите оказаться в другом месте?

Порой нам говорят: «Я не чувствую себя счастливым тут, где я есть. Мне бы хотелось быть где-нибудь в другом месте — там, где мое тело не знало бы болезней, где у меня не было бы лишнего веса, но зато было бы намного больше денег. Но главное, чтобы там меня любили».

Мы спрашиваем: «*Но все-таки почему же вы хотите быть там?*»

И очень часто в ответ мы слышим следующее: «Потому, что здесь я не чувствую себя счастливым».

Тогда мы объясняем: очень важно точно выяснить, что вы, собственно говоря, представляете себе под словом «там», и затем попытаться представить себе *чувства*, которые бы вы испытали, если бы «туда» попали. Дело в том, что до тех пор, пока вы *чувствуете* себя, как «здесь», у вас не будет никакой возможности оказаться «там».

Если вы уже привыкли думать и говорить о своем нынешнем положении в определенном эмоциональном ключе, то будет не так-то просто повернуть свои вибрации и начать мыслить в совершенно противоположном направлении. *Закон Притяжения* говорит, что невозможно сразу, буквально за одну минуту, обрести мысли и чувства, которые бы сильно отличались от тех, к которым вы уже успели привыкнуть. Но, приложив некоторые усилия, вы можете все изменить и найти новые мысли, посылающие более позитивную вибрацию — хотя следует отметить, что вибрационные изменения всегда проходят постепенно и последовательно.

Добавим, что попытки достигнуть радостного вибрационного состояния «одним прыжком» противоречат *Закону Притяжения* и являются главной причиной разочарования многих людей, которые на основании этой неудачи делают вывод о полной неспособности управлять своей жизнью.

Глава 21

Вы всего в 17 секундах от 68 секунд, необходимых для исполнения желания

В течение всего нескольких секунд, когда внимание направлено на тот или иной объект, вы активизируете в себе соответствующую вибрацию, и *Закон Притяжения* немедленно начинает на нее отвечать.

Чем дольше вы удерживаете внимание на выбранном объекте, тем проще вам фокусироваться на нем, поскольку согласно *Закону Притяжения* вы привлекаете к себе другие мысли, основная суть которых совпадает с первоначальной мыслью.

Фокусируясь на объекте приблизительно в течение 17 секунд, вы активизируете соответствующую вибрацию. Затем, если ваше внимание становится более пристальным, вибрация также делается более отчетливой и *Закон Притяжения* привлекает к вам новые мысли, совпадающие с нею. В данный момент вибрация еще не обладает достаточной силой притяжения, но если вы будете сосредоточены на ней более длительное время, то вибрация начнет «набирать обороты». И если вам удастся фокусироваться на мысли более чем 68 секунд, то вибрация получит достаточно энергии, чтобы результат этого уже начал проявляться в реальности.

Если вы будете периодически возвращаться к какой-либо конкретной мысли, удерживая свое внимание на ней как минимум на 68 секунд, то за довольно короткий промежуток времени (от нескольких часов в одних случаях до нескольких дней в других), эта мысль станет у вас доминантной.

Помните, что:

- Мысли тождественны точке притяжения.
- Вы получаете то, о чем думаете, вне зависимости от того, хотите этого или нет.
- Ваши мысли тождественны вибрации, и *Закон Притяжения* отвечает на нее.
- Когда ваша вибрация развивается и набирает большую силу, она, в конечном итоге, становится достаточно мощной, чтобы начать проявляться в реальности.
- Другими словами — то, о чем вы думаете, и то, что получаете, всегда находятся в вибрационном соответствии.

Не стоит бояться мыслей, которыми вы не можете управлять

Как только *Закон Притяжения* понят и принят (что обычно не занимает много времени, поскольку едва ли найдется хотя бы одно, пусть даже совсем незначительное, свидетельство, способное его опровергнуть), многие начинают чувствовать себя не очень уютно. А все потому, что они начинают бояться собственных мыслей. Когда человек понимает всю силу *Закона Притяжения* и начинает методично пересматривать «содержимое» своего сознания, его порой охватывает сильное беспокойство. Он начинает переживать по поводу того, что мысли, управлять которыми не получается, могут привлечь в его жизнь нежелательные явления. Вам совершенно ни к чему бояться подобных мыслей — это вовсе не нацеленное на вас оружие, которое может мгновенно произвести сильные разрушения. Да, *Закон Притяжения*, безусловно, обладает огромным могуществом, но основой всей вашей жизни является в первую очередь Благо. И хотя любая мысль обладает магнетической силой и еще больше накапливает ее с помощью вашего внимания, у вас все-таки достаточно времени, чтобы при появлении отрицательных эмоций переключить внимание на мысли, обладающие меньшим «сопротивлением», которые соответственно приведут к желательному результату.

Помните: вы можете принимать Благо или противодействовать ему, но этот поток никогда не останавливается. Поэтому даже небольшая попытка настроиться на положительный лад может принести вам ощутимые результаты. Как только вы сделаете этот шаг и ваши мысли станут более позитивными, то сразу же начнете движение от не слишком радостного настоящего к счастливому будущему. *Осознанно выбирая мысли и чувствуя улучшение эмоционального состояния, вы успешно используете собственную руководящую систему и находитесь на пути к полной свободе, благодаря которой можете получить все то, чего заслуживаете, — потому что для вас нет ничего невозможного.*

Глава 22

Разные уровни вашей Эмоциональной Руководящей Шкалы

Можно было бы сказать, что различные эмоции обладают различной вибрационной частотой, но более правильным будет выразить это так: эмоции являются *индикаторами* вибрационной частоты. Если вы помните, эмоции являются показателем степени соответствия Исходной Энергии. Поэтому, чем больше радости вы ощущаете, тем точнее ваше соответствие желанию. В этой связи становится понятней, как следует реагировать на свои эмоции.

Абсолютное соответствие собственной Исходной Энергии означает, что вы знаете следующее:

- Вы свободны.
- Вы могущественны.
- Вы — добро.
- Вы — любовь.
- Вы обладаете собственной ценностью.
- У вас есть цель.
- Все хорошо.

Всегда, когда мысли напоминают вам о вашей истинной природе, вы находитесь в соответствии со своим истинным «я», поскольку именно это знание является показателем абсолютного соответствия. А чувства, возникающие под влиянием этих мыслей, — наивысшее проявление соединения с Потоком Блага. Если провести здесь параллель с бензобаком автомобиля, то подобное состояние соответствия будет равносильно полной заправке.

Другими словами, представьте себе шкалу с делениями, которая бы показывала вам уровень подключения к Исходной Энергии — от самого высокого (принятие) до самого низкого (противодействие).

Шкала ваших эмоций будет выглядеть примерно следующим образом:

1. Радость, знание, могущество, свобода, любовь, благодарность.
2. Страсть.
3. Энтузиазм, рвение, счастье.
4. Позитивные ожидания, вера.
5. Оптимизм.
6. Надежда.
7. Удовлетворенность.
8. Скука.
9. Пессимизм.
10. Неудовлетворенность, раздражение, нетерпение.
11. Смятение.
12. Разочарование.
13. Сомнение.
14. Беспокойство.
15. Осуждение.
16. Разочарование.
17. Гнев.
18. Месть.

19. Ненависть, ярость.
20. Ревность, зависть.
21. Ненадежность, вина, недостойность.
22. Страх, горе, депрессия, отчаяние, бессилие.

Поскольку одни и те же слова очень часто используются для обозначения разных вещей, а одинаковые вещи мы порой именуем разными словами, то такая шкала эмоций не может быть названа абсолютно точной для всех людей. То, что чувствуете вы, может отличаться от эмоций, испытываемых другими людьми. Фактически, словесное определение эмоций может иногда ввести вас в заблуждение и отдалить от настоящей цели *Эмоциональной Руководящей Системы.*

В данном случае наиболее важно осознанно достичь такого состояния духа, при котором вы почувствуете улучшение. Название, которое можно будет дать вашим чувствам, в данном случае несущественно.

Пример того, как можно подняться по Эмоциональной Руководящей Шкале

Итак, произошло что-то, отчего вы чувствуете себя ужасно. Жизнь уже не радует, вам ничего не хочется ни видеть, ни слышать. Вы словно задыхаетесь, и каждая мысль причиняет вам почти физическую боль. Наиболее подходящее слово, которым можно было бы описать подобное состояние, — *депрессия.*

Если вы сделаете над собой усилие и попытаетесь чем-нибудь заняться, то, возможно, почувствуете некоторое облегчение. Если вы сможете выкинуть из головы мысли, мучающие вас, и сосредоточитесь на своей работе, то обязательно почувствуете себя лучше. В вашем распоряжении имеется достаточное количество мыслей, способных вас отвлечь и освободить от депрессии. Однако на данный момент вы не имеете к большинству из них вибрационного доступа. Но если в ваши намерения входит найти хоть какую-нибудь мысль, которая поможет исправить настроение, если вы осознанно станете следить за своими чувствами, то немедленно начнете подниматься по *Эмоциональной Руководящей Шкале*. Это можно назвать мыслительным процессом, при котором вы оцениваете, приносит ли выбранная вами мысль чувство облегчения и избавления от мучений. Таким образом, вы думаете и чувствуете, снова думаете и чувствуете, имея перед собой только одну цель: получить хотя бы малейший намек на освобождение от негативных эмоций.

Например, кто-то сказал вам нечто, сильно разозлившее вас, или же не сдержал обещания. И если вы при этом начнете злиться, то заметите, что ваша депрессия понемногу отступает. Другими словами, погрузившись в гнев, вы уже не будете замечать мучающих вас проблем. Ощущение клаустрофобии преодолено, и вы начали чувствовать себя несколько лучше.

Теперь наступает самый ответственный момент в эффективном использовании *Эмоциональной Руководящей Системы*. Остановитесь и признайте, что выбранная мысль о гневе *действительно* заставляет вас чувствовать себя лучше, чем та удушающая депрессия, которую вы только что прогнали. И когда вы осознаете, что ваши вибрации улучшились, то чувство бессилия начнет потихоньку уходить. Это будет означать, что вы стали подниматься по *Эмоциональной Руководящей Шкале* вверх, к полному соединению со своим истинным «я».

«Не мешайте мне улучшать свое настроение гневом!»

Часто, пребывая в состоянии депрессии или страха, которые обладают высоким сопротивлением вибрации, вы сами способны инстинктивно, неосознанно обнаружить действенное средство против подобных болезненных эмоций — гнев. Но все вокруг убеждают вас, что гнев недопустим. Конечно, они не могут заглянуть вам в душу и увидеть, какие улучшения наступают в ней благодаря справедливой злости, поэтому и советуют вам не сердиться. Но для чего? Только для того, чтобы вы вновь вернулись к первоначальному состоянию депрессии? Но если вы намеренно выбрали гневные мысли и верите, что они принесут вам освобождение, тогда знайте, что с их помощью вы можете уменьшить собственное противодействие, вызванное состоянием подавленности. Благодаря этому вы начнете подниматься вверх по *Эмоциональной Руководящей Шкале* — к полному соединению с истинным «я».

Почему *даже* самое незначительное улучшение имеет огромную ценность

Если вы понимаете, где находитесь, и знаете, где хотели бы быть, если у вас всегда есть возможность уточнить, движетесь вы в заданном направлении или нет ... тогда ничто не сможет задержать вас в начальном пункте. Если вам кажется, что вы не можете управлять событиями своей жизни — это чаще всего означает отсутствие понимания, в каком направлении вы должны двигаться. Без понимания собственных эмоций и того, что они означают, вы часто движетесь в направлении, противоположном тому, которое было бы для вас желательным.

На свете придумано множество разных слов для описания эмоций, но в действительности эти описания можно свести всего-навсего к двум: чувствовать себя хорошо и чувствовать себя плохо. И каждое из делений *Эмоциональной Шкалы* может продемонстрировать только степень одной из этих эмоций и, следовательно, степень вашего доступа к могущественной, чистой и позитивной Исходной Энергии. Наиболее полное соединение с ней характеризуется ощущением счастья, любви, свободы, знания, радостного ожидания и говорит вам о вашей личной ценности. Для наиболее низкой степени соединения (вернее даже, для разъединения с ней) характерны такие чувства, как отчаяние, безысходность, горе, страх.

Способность *целенаправленно* изменять состояние эмоций имеет для вас огромное значение, поскольку даже самое незначительное эмоциональное улучшение может дать ощущение хотя бы частичного владения ситуацией. И даже если вы не сумеете управлять чувствами так, чтобы это вернуло вас к состоянию полного соединения с собственной Энергией, то, по крайней мере, вы больше не будете чувствовать себя настолько обессиленным. Таким образом, обратное путешествие вверх по шкале становится теперь не только возможным, но и сравнительно нетрудным.

Вам одному известно, когда следует выбрать чувство гнева

Если человек, находящийся в состоянии глубокой депрессии, может почувствовать облегчение, возникающее от злости и гнева, если он способен понять, что *намеренно* выбрал подобные мысли, то он немедленно вернет себе ощущение силы и преодолеет депрессию. Теперь, разумеется, для него важно не задерживаться в состоянии гнева. Но именно благодаря этому сильному чувству он может преодолеть мучительное ощущение безысходности.

Как много на свете людей, которые до сих пор не понимают вибрационного содержания эмоций и потому с огромной настойчивостью выступают против проявлений гнева! Да, мы согласны, что для большинства из вас не слишком-то приятно находиться рядом с человеком, который злится, и поэтому многие люди из собственных эгоистических соображений предпочитают, чтобы он вернулся к своему прежнему (более удобному для них) состоянию депрессии. Это и понятно, ведь при депрессии человек обычно уходит в себя, в то время как гнев зачастую направлен на тех, кто находится поблизости.

Никто из окружающих вас людей не может знать, что выбранное вами чувство гнева помогает улучшить свое эмоциональное состояние — это известно только вам. И вы, чувствуя заметное облегчение, понимаете необходимость подобных мыслей. До тех пор, пока вы не решите сознательно управлять своими эмоциями, вам не добиться ощутимого прогресса на пути к исполнению желаний.

«Я делаю все возможное, чтобы добиться наилучшего результата»

Те, кто наблюдают за вами, вздохнули бы с облегчением, поняв, что вы не собираетесь все время находиться в состоянии гнева. Если бы они только знали, что ваш великий план состоит в движении через гнев, через смятение и обреченность к оптимизму и вере!

Тогда они, возможно, были бы гораздо более терпимы к тому, что происходит сейчас.

Многие люди пытаются естественным образом преодолеть состояние подавленности или страха при помощи гнева. Они используют его как средство первой помощи, но при этом наталкиваются на такое неприятие и сопротивление со стороны родственников, друзей или сослуживцев, твердящих о неуместности подобного гнева, что предпочитают вернуться назад, к депрессии. И так они начинают двигаться по замкнутому кругу: от депрессии к гневу, потом обратно к депрессии, и снова к гневу...

Ключ к тому, чтобы вернуть себе удивительное и прекрасное чувство личной значимости и способность управлять событиями своей жизни, — в решении незамедлительно сделать все возможное (невзирая на то, хорошо или плохо вы себя чувствуете в данный момент) для достижения наилучшего результата. Постарайтесь выбрать самую лучшую из возможных на данный момент мыслей и продолжайте этот процесс снова и снова. Через сравнительно короткий промежуток времени вы почувствуете, что к вам снова вернулась радость. Вот как все просто!

«Умея перемещаться по Шкале Эмоций, я могу добиться чего угодно!»

«Не медля ни минуты, я начинаю искать наиболее позитивную мысль, какую только возможно. Сейчас я почувствую облегчение. Облегчение. Облегчение».

Помните:

- Ярость дает вам чувство свободы от депрессии, горя, отчаяния, страха, вины или бессилия.

- Месть освобождает от ярости.
- Гнев дает чувство свободы от мести.
- Осуждение освобождает от гнева.
- Смятение освобождает от чувства вины.
- Раздражение освобождает от смятения.
- Пессимизм освобождает от раздражения.
- Надежда дает чувство свободы от пессимизма.
- Оптимизм дает чувство свободы от надежды.
- Позитивные ожидания поднимают вас по эмоциональной шкале на ступень выше, чем оптимизм.
- Радость поднимает вас по эмоциональной шкале выше, чем позитивные ожидания.

Со временем, выработав соответствующую привычку, вы станете настоящим экспертом по *Эмоциональной Руководящей Системе.* Когда вы искренне стремитесь к чувству освобождения, которое улучшает эмоциональное состояние, вас повсюду сопровождает хорошее настроение, которое притягивает все, чего вы желаете.

Внимание к собственным эмоциям необходимо для понимания всего происходящего в жизни. Что и как вы чувствуете, а также ощущение свободы, которое вы испытываете, когда находите новую позитивную мысль — это и есть единственно точная и правдивая мера всех событий в вашей жизни.

«Как насчет стремления избавиться от всех желаний?»

Мы бы описали ощущение *желания* как восхитительное осознание новых возможностей. Желание — это свежее, свободное чувство ожидания. Чувство *желания* — это ощущение самой жизни, проникающей во все ваши поры. Но очень многие люди, используя в своей речи слово *«желание»*, подразумевают под этим нечто иное. Желание у них ассоциируется скорее с ощущением острой тоски, поскольку они думают не о том, что хотели бы иметь, а фокусируются на его отсутствии. Таким образом, хотя люди и используют для обозначения своих эмоций *слово «желание»*, то, тем не менее, посылают *вибрацию отсутствия*. Люди привыкли думать, что *желание* — это то, чего у них нет. Но в чистом чувстве желания нет ощущения отсутствия или недостатка.

Итак, если вы будете помнить, что любая просьба выполняется, то каждое желание станет чистым и свободным и в нем не будет места для противодействия.

У большинства людей желания не исполняются довольно длительное время. Они думают о своем желании, а затем вспоминают о том, что оно так и не исполнилось. И каков будет в этом случае результат? С течением времени люди начинают полагать, что их способ мечтать (то есть сначала думать о самом желании, затем о том, что оно не реализуется, а главное — при полном отсутствии представления, как добиться нужного результата) — единственно возможный. Они не находятся в состоянии чистого желания — наоборот, это точнее будет назвать режимом противодействия желанию. Их вибрации говорят об отсутствии, нехватке, безнадежности, но только не о том, чего эти люди на самом деле хотят. Не осознавая своих действий, они продолжают сохранять вибрационную дистанцию между собой и своим желанием. Таким образом, по прошествии некоторого времени, они приходят к искреннему убеждению, что это тягостное, мучительное чувство, возникающее от отсутствия того, о чем мечтаешь, и есть само желание.

Встречаются и такие люди, которые говорят нам: «Абрахам, меня всегда учили, что не иметь желаний — это путь к спокойствию. Меня учили, что состояние сильного желания остановит меня на пути к духовной жизни, к которой я стремлюсь всем сердцем. Мне говорили, что мое счастье зависит от способности отказаться от желаний». Мы отвечаем: «*Но разве стремление к счастью или духовности не является таким же желанием?*»

Мы пришли сюда не для того, чтобы убеждать вас в необходимости желаний или, наоборот, отговаривать от них. Наша задача состоит в том, чтобы вы признали в себе творца собственной жизни и поняли естественность желаний, возникающих под влиянием окружающей действительности. Мы искренне хотим помочь вам прийти к совершенному слиянию с Источником, который даст возможность претворить в жизнь любое желание.

Мы можем понять, почему некоторые люди советуют отказаться от желаний, говоря, что без них чувствуешь себя гораздо лучше. Дело в том, что негативные эмоции, которые вы порой принимаете за желание, на самом деле демонстрируют вибрационное различие между вашей текущей вибрацией и вибрацией самого желания. Но отказ от желаний — это не самый легкий и, главное, далеко не самый приятный путь привести себя в соответствие с Источником. Вся наша Вселенная находится в состоянии постоянной готовности помочь, чтобы в вас зародилось новое желание. Таким образом, гораздо более легкий способ прийти в соответствие с собственным Источником, а заодно и почувствовать себя более счастливым — это постараться избавиться от состояния сопротивления.

Похоже ли ваше желание на следующий логичный шаг?

Ваша способность к воображению поможет подойти к следующему логичному шагу. Мы не говорим о том шаге, который потребует от вас каких-либо реальных *действий*. Все необходимые действия вы сможете совершить с помощью своей фантазии. Мы говорим об использовании воображения до тех пор, пока самая заветная мечта не станет для вас настолько близкой, что ее исполнение станет следующим, вполне логичным, шагом.

К примеру, мать и ее взрослая дочь представляют себе покупку чудесного дома в красивой местности, где можно было бы устроить хорошую гостиницу. И дочь говорит матери: «Если бы это было возможно, если бы только наше желание могло исполниться, то я была бы счастлива до конца моих дней. Если бы такое могло произойти, то это вознаградило бы меня за все то, что так и не сбылось».

Мы объясняем, что вибрация подобного желания не обладает достаточной чистотой, без которой оно не может сбыться. *Если желание выглядит в ваших глазах невыполнимым, нереальным, то оно еще очень далеко от исполнения. Но если исполнение желания кажется вполне естественным и логичным делом, то тогда вы очень скоро почувствуете, как оно воплощается в жизнь.*

Почувствовав, что события слушаются вас, можно насладиться происходящим

Благодаря *эмоциям* всегда можно сказать, позволяет ваша вибрация Силам Вселенной исполнить ваше желание или нет. Привыкнув внимательно следить за своими чувствами, вы будете знать, приближаетесь вы к воплощению желаемого или этот процесс все еще находится в начальной стадии. И самое важное: *начав управлять своими ощущениями, вы сможете насладиться всем происходящим*:

- Вы будете получать удовольствие от многообразия и контрастов окружающей действительности, помогающих яснее видеть ваши желания. Вы научитесь наслаждаться ощущением желания, нацеленного в будущее.
- Вы сможете насладиться даже осознанием того, что находитесь в вибрационной дисгармонии со своим желанием, а потом — возвращением себя обратно, в состояние вибрационной гармонии с ним.
- Вы почувствуете огромное облегчение, когда сомнения покинут вас, а на их место придут уверенность и ощущение Блага.
- Вы станете получать удовольствие от ожидания того, что вот-вот должно произойти или уже происходит. Вы испытаете невыразимый восторг, когда заметите свидетельства воплощения вашего желания в жизнь.
- Вы будете наслаждаться осознанием того, что целенаправленно претворяете желание в жизнь, словно скульптор, который лепит своими руками прекрасную статую.
- Вы будете наслаждаться чувствами, возникающими в процессе вашей настройки на вибрации своих желаний.

Окружающая Вселенная существует лишь для того, чтобы в вас рождались новые жизнеутверждающие желания. Да и вообще, жить — значит плыть в потоке своих желаний.

Литературно-художественное издание

Хикс Эстер и Джерри

УЧЕНИЕ О ВОПЛОЩЕНИИ ЖЕЛАНИЙ В ЖИЗНЬ

ПРОСИТЕ — И ДАНО БУДЕТ ВАМ

Часть I

Подписано в печать 25.01.2008.
Формат 84 × 108 $^1/_{32}$. Печ. л. 6. Доп. тираж 5000 экз. Заказ № 6417

Налоговая льгота — общероссийский классификатор продукции ОК-005-93, том 2; 953130 — литература по философским наукам, социологии, психологии.

Издательская группа «Весь»
197101, Санкт-Петербург, ул. Мира, д. 6.
Тел.: (812) 325 2999.
E-mail: info@vesbook.ru

Посетите наш сайт: http://www.vesbook.ru

По вопросам размещения рекламы
в книгах Издательской группы «Весь»
обращайтесь в Отдел рекламы.
Тел.: 325 2999 (многоканальный).
E-mail: ad@idves.spb.ru

Филиал в г. Москва
127521, Москва, ул. Веткина, владение 2г.
Тел.: (495) 619 2180. E-mail: moscow@vesbook.ru

Филиал в г. Нижнем Новгороде
603950, Нижний Новгород, ул. Коминтерна, д. 47а, оф. 7.
Тел.: +7 (8312) 70 1469.
E-mail: nnov@vesbook.ru

Генеральный дилер в Украине
книготорговая компания «Библос»
Тел. +38 (044) 599 7736.
http://www.biblos.kiev.ua

Вы можете заказать наши книги:
в России («Книга — почтой») по адресу издательства:
197101, Санкт-Петербург, ул. Мира, д. 6, ИГ «Весь»,
или на сайте www.vesbook.ru

в Германии
+ 49 (0) 721 183 1212.
+ 49 (0) 721 183 1213.
atlant.book@t-online.de
www.atlant-shop.com

в Белоруссии
+ 10 (37517) 242 0752.
+ 10 (37517) 238 3852.

Отпечатано по технологии CtP
в ОАО «Печатный двор» им. А. М. Горького.
197110, Санкт-Петербург, Чкаловский пр., 15.

В серии «Ченнелинг» выходят:

Лебедько В., Найденов Е., Михайлов М.
Боги и эпохи. Беседы с богами по-взрослому

•

Робертс Дж. Материалы Сета

•

Робертс Дж. Говорит Сет. Вечная реальность души

•

Хикс Э., Хикс Дж. (учение Абрахама)
Учение о воплощении желаний в жизнь.
Просите — и дано будет вам

•

Хикс Э., Хикс Дж. (учение Абрахама)
Удивительная сила осознанного намерения

•

Хикс Э., Хикс Дж. (Основы учения Абрахама)
Закон притяжения

•

Хикс Э., Хикс Дж. (учение Абрахама)
Удивительная сила эмоций

•

Робертс Дж. Природа личной реальности

•

Ренард Г. Исчезновение Вселенной

•

Джордан И. Б. Закон мысли

•

Робертс Дж. Магический подход

Спрашивайте в книжных магазинах!

ПРЕДИСЛОВИЕ

Дорогой Читатель!

Вы, несомненно, как и все люди, хотите жить комфортно, в достатке, без болезней и потрясений. Однако жизнь распоряжается по-другому и крутит вами, как бумажным корабликом в бурном потоке. В погоне за счастьем вы уже испробовали немало известных способов. Много ли вам удалось добиться в рамках традиционного мировоззрения?

В этой книге идет речь об очень странных и необычных вещах. Все это настолько шокирует, что не хочется верить. Но ваша вера и не потребуется. Здесь приводятся методы, с помощью которых вы сможете все проверить сами. Вот тогда ваше привычное мировоззрение рухнет.

Трансерфинг — это мощная техника, дающая вам власть творить невозможные, с обыденной точки зрения, вещи, а именно — управлять судьбой по своему усмотрению. Никаких чудес не будет. Вас ожидает нечто большее. Вам предстоит убедиться, что неизвестная реальность намного удивительней любой мистики.

Есть много книг, которые обучают, как добиться успеха, стать богатым, счастливым. Перспектива заманчивая, кто же этого не хочет, но открываешь такое издание, а там какие-то упражнения, медитации, работа над собой. Сразу становится тоскливо. Жизнь и так сплошной экзамен, а тут предлагают снова напрягаться и что-то из себя выдавливать.

Вас уверяют, что вы несовершенны, а потому должны измениться, иначе рассчитывать не на что. Возможно, вы не вполне довольны собой. Но в глубине души вам вовсе не хочется себя менять. И правильно не хочется. Не верьте никому, кто говорит, что вы несовершенны. Кто может знать, какими вам следует быть? Не нужно себя менять. Выход совсем не там, где вы его ищете.

Мы не будем заниматься упражнениями, медитациями и самокопанием. Трансерфинг — это не новая методика самосовершенствования, а принципиально иной способ мыслить и действовать так, чтобы получать желаемое. Не добиваться, а именно получать. И не изменять себя, а возвращаться к себе.

Все мы совершаем в жизни много ошибок, а потом мечтаем о том, как было бы здорово вернуть прошлое и все исправить. Я вам не обещаю «в детство плацкартный билет», но ошибки можно исправить, причем это будет похоже на возврат в прошлое. Даже, скорее всего, «вперед в прошлое». Смысл этих слов станет понятен только к концу книги. Вы не могли нигде слышать или читать о том, что я собираюсь рассказать. Поэтому готовьтесь к неожиданностям, насколько удивительным, настолько и приятным.

Сдайте себя в аренду.

Деструктивные маятники

Нас с детства приучали подчиняться чужой воле, выполнять обязанности, служить отечеству, семье, политической партии, фирме, государству, идее... Кому угодно, но себе — лишь в последнюю очередь. У каждого в той или иной степени есть чувство обязанности, ответственности, необходимости, вины. Каждый человек так или иначе «состоит на службе» в различных группах и организациях: семья, клуб, учебное заведение, предприятие, политическая партия, государство и так далее. Все эти *структуры* зарождаются и развиваются, когда отдельная группа людей начинает мыслить и действовать в одном направлении. Затем присоединяются новые люди, и структура разрастается, набирает силу, заставляет своих членов следовать установленным правилам и в конечном итоге может подчинить себе большие слои общества.

На уровне материальной реализации структура состоит из людей, объединенных общими целями, и материальных предметов, таких как здания, сооружения, мебель, оборудование, техника и так далее. Но что стоит за всем этим на энергетическом уровне? Структура возникает, когда мысли группы людей направлены в одну сторону, а, следовательно, параметры мысленной энергии идентичны. Мысленная энергия отдельных людей соединяется в едином потоке. В таком случае посреди океана энергии создается отдельная независимая энергоинформационная структура — *энергетический маятник*. Эта структура начинает жить своей жизнью и подчиняет людей, задействованных в ее создании, своим законам.

Почему маятник? Потому что он раскачивается тем сильнее, чем больше людей — *приверженцев,* — питает его своей энергией. У каждого маятника своя характерная частота колебаний. Например, качели можно раскачать, только прилагая усилия с определенной частотой. Эта частота называется резонансной. Если количество приверженцев маятника уменьшается, его колебания угасают. Когда приверженцев совсем не останется, маятник остановится и как сущность умрет. Вот несколько примеров угасших маятников: древние языческие религии, каменные орудия труда, древние виды оружия, старые течения моды, виниловые пластинки — другими словами, все, что было раньше и что теперь не используется.

Вы, наверно, удивлены: неужели все это маятники? Да, любые структуры со своими атрибутами, созданные мысленной энергией людей, являются маятниками. Вообще любые живые существа, способные излучать энергию в одном направлении, рано или поздно создают энергетические маятники. Вот примеры маятников в живой природе: колонии бактерий, популяции живых существ, стаи рыб, стада животных, лесные массивы, прерии, муравейники — любые более-менее упорядоченные и однородные структуры живых организмов.

Каждый отдельный живой организм сам по себе является элементарным маятником, поскольку представляет собой энергетическую единицу. Когда группа таких единичных маятников начинает колебаться в унисон, создается групповой маятник. Он стоит над своими приверженцами как надстройка, существует как отдельная независимая структура и устанавливает правила для своих приверженцев, чтобы удержать их вместе и получить новых. Такая структура независима в том смысле, что развивается самостоятельно, по своим законам. Приверженцы не осознают, что действуют по законам маятника, а не по собственному произволу. Например, бюрократический аппарат развивается как самостоятельная структура независимо от воли отдельных чиновников. Конечно, влиятельный чиновник может принимать самостоятельные решения, но эти решения не могут идти вразрез с законами системы, иначе такой приверженец будет отвергнут. Даже человек в единственном числе, представляющий из себя маятник, не всегда отдает себе отчет в своих мотивациях. Например, энергетический вампир.

Любой маятник по своей природе является *деструктивным*, поскольку отнимает энергию у своих приверженцев и устанавливает над ними свою власть. Деструктивность маятника проявляется в том, что ему нет дела до судьбы каждого отдельного приверженца. Цель у маятника только одна — получать энергию приверженца, а пойдет это на пользу самому приверженцу или нет, не имеет значения. Человек, оказавшийся под влиянием системы, вынужден строить свою жизнь в соответствии с ее законами, иначе она его разжует и выплюнет. Оказавшись под влиянием деструктивного маятника, можно легко сломать всю свою жизнь. Вырваться без потерь, как правило, трудно.

Если человеку повезло, он находит свое место в системе и чувствует себя там как рыба в воде. Он, будучи приверженцем, дает энергию маятнику, а тот обеспечивает ему среду для существования. Как только приверженец начинает нарушать законы структуры, частота его излучения уже не совпадает с резонансной частотой колебаний маятника. Не получая энергию, тот выбрасывает или уничтожает строптивого приверженца.

Если же человека занесло далеко от благоприятных для него линий, тогда жизнь в структуре чуждого маятника превращается в каторгу или просто унылое существование. Такой маятник становится для приверженца чисто деструктивным. Человек, попавший под его влияние, теряет свободу. Он вынужден жить по навязанным законам и быть винтиком в большом механизме — нравится ему это или нет.

Человек может попасть под покровительство маятника и добиться выдающихся результатов. Наполеон, Гитлер, Сталин и им подобные — это все *фавориты* деструктивных маятников. Но в любом случае этот маятник вовсе не заботится о благополучии своих приверженцев, а только использует их для своих целей. Когда Наполеона спросили, был ли он когда-нибудь по-настоящему счастлив, он насчитал всего несколько дней из своей жизни.

Маятник пользуется изощренными методами для завлечения новых приверженцев, которые летят как мотыльки на свет. Как часто люди, прельстившись на рекламные штучки маятника, уходят далеко в сторону от счастья, которое было совсем рядом! Идут в армию и погибают. Поступают в учебное заведение и напрасно осваивают не свою профессию. Находят чуждую, но якобы престижную работу и утопают в болоте проблем. Связывают свою жизнь с чужим человеком и потом страдают.

Деятельность маятника очень часто ведет к разрушению судеб приверженцев, хоть он и пытается скрыть свои мотивы всякими добродетельными масками. Главная опасность для человека, поддавшегося влиянию деструктивного маятника, состоит в том, что он уводит свою жертву в сторону от тех линий жизни, где человек может обрести свое счастье. Отметим его отличительные признаки.

- Маятник питается энергией своих приверженцев и за счет этого увеличивает свои колебания.
- Маятник стремится привлечь к себе как можно больше сторонников, чтобы получить как можно больше энергии.
- Маятник противопоставляет группу своих приверженцев всем остальным группам. (Мы вот какие, а они другие, плохие.)

- Маятник агрессивно обвиняет всякого, кто не захотел стать приверженцем, и пытается либо привлечь на свою сторону, либо нейтрализовать или устранить.
- Маятник пользуется благообразными привлекательными масками, прикрывается высокими целями, играет на чувствах людей, чтобы оправдать свои действия и завоевать как можно больше приверженцев.

Маятник, по своей сути, является эгрегором, но этим далеко не все сказано. Понятие «эгрегор» не отражает весь комплекс нюансов взаимодействия человека с энергоинформационными сущностями. Маятники играют неизмеримо большую роль в жизни человека, чем это принято считать.

То, как маятник поглощает энергию своих приверженцев, можно наглядно проиллюстрировать на следующем примере. Представьте себе заполненный стадион, идет напряженный футбольный матч, страсти накалены, болельщики бушуют. Вот один игрок допускает непростительную оплошность, которая приводит к поражению команды. На игрока обрушивается буря негодования болельщиков, они готовы его растерзать. Представляете, какая масса негативной энергии обрушивается на голову несчастного? От такого чудовищного удара он должен бы просто умереть на месте. Но этого не происходит, он жив-здоров, хотя и подавлен чувством своей вины. Куда же делась негативная энергия, направленная на игрока? Ее забрал маятник. Если бы это было не так, тогда бы объект ненависти толпы погибал, а кумир просто взлетал в воздух.

Я не берусь судить, является ли маятник одушевленной сущностью или же это просто энергетическая форма. Да это и не имеет для техники Трансерфинга никакого значения. Главное — распознать маятник и не принимать его игру без пользы для себя. Узнать деструктивный маятник очень просто по одному отличительному признаку. Он всегда соперничает с себе подобными в борьбе за людей. Цель маятника только одна — захватить как можно больше приверженцев, чтобы получить как можно больше энергии. Чем агрессивнее действует маятник в борьбе за приверженцев, тем более он деструктивен, то есть представляет опасность для судьбы отдельного человека.

Можно возразить, что существуют ведь благотворительные организации, общества защиты природы, животных и другие. Что в них деструктивного? Для вас лично — то, что они, как ни крути, питаются вашей энергией и им нет никакого дела до чужого счастья и благополучия. Они призывают быть милосердными для других, оставаясь равнодушными к вам. Если это устраивает и вы действительно чувствуете себя счастливым, занимаясь такой работой, значит, это можно считать призванием, и вы нашли свой маятник. Но здесь надо быть честным с собой: не носите ли вы маску благодетели? Действительно ли искренне отдаете свою энергию и деньги на благо другим или играете в благотворительность, чтобы казаться лучше?

Деструктивные маятники отучили людей выбирать свою судьбу. Ведь если человек будет свободен в своем выборе, он обретет независимость. Тогда маятникам его не привлечь в свои приверженцы. Наше сознание настолько привыкло к тому, что судьба — это удел, и нам действительно очень трудно поверить в возможность просто *выбрать* такую судьбу, которая больше нравится. Маятникам выгодно держать приверженцев под контролем, поэтому они изобретают всевозможные способы манипулировать своими слугами. Из дальнейшего изложения вам станет ясно, как они это делают.

Трансерфинг тоже может стать маятником, если сделать из него культ, движение или школу. Разные маятники, конечно, деструктивны в разной степени. Трансерфинг даже в худшем случае будет являться наименее деструктивным, поскольку служит не какой-то общей сторонней цели, а исключительно на благо каждого отдельного индивида. Поэтому такой маятник был бы очень необычен, этакое сообщество индивидуалистов, занятых исключительно своей судьбой. Кстати, вот вам домашнее задание: какие маятники можно назвать конструктивными?

Но зачем вообще я вам об этом рассказываю? Затем, чтобы объяснить, что означает *выбирать* свою судьбу и как это сделать. Наберитесь терпения, дорогой Читатель, все не так просто, но постепенно картина начнет проясняться.

Битва маятников

Главный отличительный признак деструктивного маятника состоит в том, что он агрессивно стремится уничтожить другие маятники, чтобы перетянуть людей на свою сторону. Для этого он постоянно натравливает своих приверженцев на чужих: «Мы такие, а они другие! Плохие!» Люди, вовлеченные в эту борьбу, сбиваются со своего пути и идут к ложным целям, которые они ошибочно воспринимают как свои. В этом проявляется деструктивность маятников. Борьба против чужих приверженцев бесплодна и ведет к разрушению жизней — как своих, так и чужих.

Возьмем крайнее проявление битвы за приверженцев — войну. Чтобы убедить своих приверженцев пойти на войну, маятник приводит аргументы, соответствующие конкретной исторической эпохе. Самый примитивный метод, который применялся раньше, — просто приказать отобрать у других то, что им принадлежит. По мере того как общество становилось более цивилизованным, аргументы приобретали более рафинированную форму. Одна нация объявляется высшей, а другие — ущербными. Благая цель состоит в том, чтобы поднять эти недоразвитые народы на высшую ступень, а если они сопротивляются, применить силу. Ну, а маятника, а тот, в свою очередь, тоже немного подпитывает энергией приверженца, чтобы сохранить влияние.

На уровне материальной реализации мы наблюдаем такое взаимодействие в виде привычной картины. Например, маятник политической партии проводит агитацию, зацепляет приверженца и дает ему некоторую энергетическую подпитку в виде чувства правоты, удовлетворения, достоинства, значимости. Приверженцу кажется, что он имеет контроль над ситуацией, — он может выбирать. На самом деле это его выбрали и установили над ним контроль. Внешне это выглядит как убежденность приверженца в том, что он реализует свою волю. Однако воля эта ему искусственно и незаметно навязана маятником. Приверженец попадает в его информационное поле, общается с себе подобными на «горячие» темы, вступает в энергетическую связь и тем самым фиксирует свою частоту. Потом ожидания приверженца могут быть обмануты, появляются мысли против бывшего кумира, и частота излучения выпадает из петли захвата. Сила захвата варьируется в зависимости от степени могущества маятника. В одних случаях приверженцу позволяют просто уйти, а в других такого еретика могут лишить свободы или жизни.

Захват частоты можно проиллюстрировать на таком наглядном примере. Вы напеваете про себя какую-нибудь мелодию. Но вот в этот момент вы услышали другую громкую музыку. Теперь, когда вы слышите иную мелодию, вам очень трудно будет продолжать проигрывать про себя прежний мотив.

Для целей Трансерфинга не важно, каким образом происходит взаимодействие между маятником и приверженцем на энергетическом уровне. Мы будем исследовать это взаимодействие, пользуясь упрощенной моделью в обыденном представлении. Этого вполне достаточно. Детально и точно объяснить, что и как происходит *на самом деле*, никто не сможет, потому что тогда возникнет вопрос: а что понимать под «на самом деле»? И так далее, в соответствии с бесконечностью процесса познания. Неблагодарное это занятие. Так что придется довольствоваться малым. Надо радоваться уже тому, что мы все-таки способны коечто понять. Посмотрим, как маятники манипулируют своими приверженцами.